p. 20 ... Pour elabor[...]

tiliser tout ce qu[...]

"vrai", "utile", "[...]

p. 25 ... Plus facile de "construire" sur ce qui est satisfaisant

STRATÉGIES PRATIQUES EN MILIEU SCOLAIRE

Solutions pour les psychologues et les enseignants

Titre original : Creative Strategies for School Problems

Editeur de la version originale : W. W. Norton & Company
New York - London

Traduction française : Armelle Touyarot et Marie-Laure Vernay
avec la collaboration de
Jean-François Bourse et Jérôme Taillandier

Mise en page : Jérôme Taillandier

Chaussée de Ninove 1072
B 1080 Bruxelles
Belgique Tél: 32.2.569.69.89
Fax: 32.2.569.01.23

Imprimé en Belgique

ISBN 2-87293-035-3

Dépôt légal: Bibliothèque Royale de Belgique
n° D/1997/4664/06

STRATÉGIES PRATIQUES EN MILIEU SCOLAIRE

Solutions pour les psychologues et les enseignants

Michael Durrant

Traduit de l'américain par
Armelle Touyarot et *Marie-Laure Vernay*
avec la collaboration de
Jean-François Bourse et Jérôme Taillandier

Collection Le Germe — Editions SATAS, Bruxelles

Dans la même collection :

L'orientation vers les solutions,
Une approche nouvelle en psychothérapie
W.H. O'Hanlon et M. Weiner-Davis

L'hypnose orientée vers les solutions,
Une approche éricksonienne
W.H. O'Hanlon et M. Martin

Guérir de l'abus sexuel et revivre,
Techniques centrées sur la solution et hypnose éricksonienne pour le traitement des adultes
Yvonne M. Dolan

Différence,
Changement et thérapie brève
Steve De Shazer

Un séminaire avec Milton H. Erickson
Jeffrey K. Zeig

Guide du thérapeute au Pays du Possible
Méthodes de la Thérapie du Possible
W. O'Hanlon et S. Beadle

Pour être informé de nos publications ou recevoir le catalogue de nos diffusions, envoyez-nous votre carte de visite :

Le Germe — Editions SATAS
1072 Chaussée de Ninove
B–1080 Bruxelles
Belgique

A ma femme et à mes enfants, Claire, Lucke et Rachael. Merci pour votre amour et pour votre patience. Et merci à mes parents, Lawrence et Joan Durrant, pour votre soutien de longue date.

INTRODUCTION - Le jeu de la « balle invisible »

Un groupe de garçons de quatorze ans s'amusait dans la cour de l'école. Par jeu, ils se mirent à se lancer une « balle invisible » : ils l'attrapaient, la lançaient, l'évitaient, couraient derrière, et s'amusaient beaucoup. Quand la cloche sonna la fin de la récréation, ils amenèrent la « balle » en classe, sans intention bien arrêtée. Les réactions de certains enseignants décidèrent les garçons à faire suivre cette balle invisible dans toutes les classes, pour voir ce qui se passerait.

Les enseignants réagirent très différemment à cette balle invisible. Un professeur dit d'un ton ferme : « Bon, donnez-moi la balle. » Le garçon interpellé tendit la balle (invisible) au professeur, qui la prit avec tout son sérieux et la mit dans sa poche. On ne revit pas la balle dans cette classe. Dans une autre classe, le professeur ne fit aucune remarque. Cependant, tout en faisant son cours, il l'évitait, il s'écartait, ou la suivait du regard tandis que la « balle » volait autour de lui. La balle ne réapparut pas dans sa classe. Un troisième professeur, exaspéré par cette provocation, envoya les garçons chez le principal, qui leur donna une colle. Quand les garçons demandèrent pourquoi ils étaient punis, le principal expliqua : « Pour avoir lancé une balle en classe. » Ils protestèrent : « Mais, il n'y avait pas de balle ! »

Cette anecdote, qui m'a été rapportée par un collègue se rappelant ses souvenirs d'école, illustre tout à fait le thème de ce livre. Les enseignants sont confrontés à une tâche décourageante : ils doivent essayer de maintenir un semblant d'ordre sur des groupes disparates d'élèves (qui manquent parfois de motivation), et les conflits se développent facilement. Cependant, il est souvent possible d'aborder certaines situations différemment. La confrontation conduit généralement à l'échec. Les enseignants qui trouvent le moyen de collaborer avec les élèves difficiles, constatent souvent que les difficultés diminuent.

Ce livre cherche à proposer des idées pour réagir aux « balles invisibles » auxquelles les enseignants sont confrontés quotidiennement. L'ensemble repose sur des idées développées dans le domaine de la thérapie brève, approche dans laquelle on recherche la coopération plutôt que la confrontation.

Durant ces dernières années, j'ai eu de nombreuses occasions d'échanger des idées avec des conseillers psychopédagogiques et des enseignants. Au sein du corps enseignant, j'ai rencontré des gens qui considèrent que la plupart des approches thérapeutiques imposent un investissement et des contraintes qui s'avèrent décevantes dans le contexte scolaire. En effet, les conseillers et les psychologues jonglent généralement entre deux, voire trois écoles (ou plus) et ne peuvent tout simplement pas se permettre le luxe d'entreprendre une thérapie à long terme avec les élèves qui leur sont confiés. De plus, ils sont sollicités pour conseiller et aider des enseignants et des proviseurs qui ne veulent pas perdre de temps avec une évaluation « approfondie ». Les contraintes quotidiennes du milieu scolaire sont telles que les gens s'intéressent surtout à ce qui est efficace.

Considérons par exemple l'intervention thérapeutique de Milton Erickson avec un jeune garçon qui n'arrivait pas à lire.

> Un garçon de onze ans ne savait toujours pas lire, malgré les efforts des enseignants, des cours de soutien, etc.... Ses parents, déterminés à ce qu'il apprenne à lire, essayèrent de l'y forcer en lui faisant suivre des cours renforcés de lecture pendant les grandes vacances. On l'amena à Erickson, qui fut d'accord avec lui sur le fait que ses parents avaient tort de penser qu'il pourrait apprendre à lire. Erickson lui aurait dit : « Tu sais que tu ne sais lire, et je sais que tu ne sais pas... Maintenant, dis-moi, qu'est-ce que tu aimes faire ? ». L'enfant commença à lui raconter les parties de pêche avec son père et les différents coins de la région où ils étaient allés pêcher. Au cours d'une discussion, Erickson soutint qu'il y avait une certaine distance entre la maison du garçon et l'un des lieux de pêche, ce que le garçon contesta. Erickson sortit une carte de la région et demanda au garçon de lui montrer. (Il s'avéra que l'enfant avait raison.) Durant quelques séances, Erickson et le garçon parlèrent des différents coins de pêche, et Erickson se trompait toujours en situant l'endroit sur la carte. Le garçon le corrigeait chaque fois : il trouvait et lisait sur la carte les noms des lieux. Cependant,

> Erickson savait bien qu'ils ne faisaient que *regarder* la carte, et non la *lire*, et peu à peu le garçon regarda de plus en plus de mots sur la carte, continuant à corriger les erreurs d'Erickson en géographie. Plus tard dans leur discussion, Erickson se trompa aussi sur le nom des poissons, et le garçon le corrigea en s'appuyant sur les descriptions d'une encyclopédie. Là encore, il fut question de *regarder* le livre, pas de *lire*. Erickson lui suggéra d'aller à la pêche avec son père aux prochaines vacances et le garçon utilisa différentes cartes pour préparer cette expédition et, à la rentrée suivante, il lut à son professeur un compte rendu de son voyage. (Haley, 1973; O'Hanlon et Hexum, 1990)

Pourquoi cela a-t-il été efficace ? Qui sait ! Peut-être les parents et leur fils (et les enseignants) s'étaient-ils enfermés dans un processus d'escalade pour *lui faire* apprendre à lire qui, même s'il semblait très sensé, *ne marchait absolument pas*. Erickson, en étant d'accord avec le garçon et en consacrant les séances à autre chose, interrompit ce processus (tout comme les vacances consacrées à la pêche plutôt qu'aux études). Ou alors peut-être que le garçon a si bien accepté sa relation avec ce « drôle » de vieux monsieur que cela a suffi à faire la différence ? Ou peut-être encore qu'Erickson avait trouvé un bon moyen d'éveiller l'intérêt du garçon afin de l'encourager, indirectement, à lire ? Et il se peut également que le garçon ait ainsi fait l'expérience de lire de son plein gré, et que cela ait modifié son point de vue de la situation ?

En tout cas, ça a marché !

Stewart et Nodrick (1990) décrivent leur intervention avec un garçon du cours moyen première année, qui était étiqueté comme ayant des « difficultés d'apprentissage » et qui vivait une succession d'échecs et de déceptions.

> Après avoir discuté avec ce garçon (et sa famille) et lui avoir fait préciser jusqu'à quel point « cette façon d'avoir des difficultés d'apprentissage » avait des répercussions sur sa vie et le rendait malheureux, ils l'avaient questionné sur sa volonté de se débarrasser de cette difficulté, puis ils lui avaient prescrit certaines tâches. L'une de celles-ci partait de l'observation que le garçon semblait particulièrement enclin à perdre sa concentra-

> tion et sa capacité à mener à bien son travail dans les moments qui précédaient immédiatement les récréations. On lui expliqua qu'on lui donnerait un « devoir spécial » juste avant la récréation, et que ce travail permettrait de « tester » sa volonté de combattre ses difficultés. De plus, on avait identifié plusieurs « stimuli », désignés comme étant « des distractions banales », qui l'empêchaient de se concentrer en cours. Pendant qu'il travaillait sur ce « devoir spécial », son professeur devait provoquer ces « distractions », parfois d'une manière exagérée, de façon irrégulière et imprévisible. Le garçon se montra capable de mener à bien son travail, ignorant ces distractions qu'on lui imposait. On utilisa ce succès pour l'aider à identifier les facultés particulières auxquelles il avait eu recours, et une technique identique fut utilisée chez lui, pour ses devoirs. (Stewart et Nodrick, 1990.)

On a eu recours à plusieurs techniques avec ce garçon : « l'extériorisation du problème » (cette « façon d'avoir des difficultés d'apprentissage » avait des répercussions sur sa vie et le rendait malheureux - Voir White, 1988), la mise à l'épreuve dans une situation « expérimentale » (le travail lui a été présenté simplement comme un moyen de tester sa volonté, et non pas de traiter son problème), et l'exagération délibérée d'incidents en apparence fortuits (les distractions). Il se peut également que cette tâche ait modifié les réactions habituelles du professeur face au manque de concentration du garçon. L'intervention *n'*impliquait *pas* d'évaluation poussée ni le recours à des cours de soutien, techniques qui s'étaient déjà avérées inefficaces.

> Je me suis occupé d'une petite fille de sept ans, Julia, qui était incapable de dormir seule dans son lit, ou de rester quelque part dans la maison si ses parents n'y étaient pas ; elle avait souvent des crises d'angoisse, elle hurlait et on devait ensuite la raisonner. Le problème semblait résulter d'une expérience traumatisante, le cambriolage de sa maison : c'était Julia qui avait, la première, constaté le cambriolage.
>
> J'ai longuement parlé avec Julia de sa chambre et de tout ce qu'elle y aimait. Elle m'a décrit sa chambre rose, son ours en

peluche, et expliqué le plaisir qu'elle prenait à lire des histoires avant de s'endormir. Nous avons évoqué plusieurs livres qu'elle avait aimés et j'ai appris que sa collection préférée était celle de « Monsieur L'Homme ». C'est alors que, sans raison particulière, et sans essayer d'appliquer une quelconque technique astucieuse, j'ai demandé à Julia si elle avait lu « Monsieur La Peur ». Elle prit plaisir à m'apprendre qu'il n'existait pas de « Monsieur la Peur » dans cette collection. (Je ne lui ai jamais avoué que, lorsque je lui avais posé la question, j'étais bien incapable de me rappeler si un tel titre existait vraiment !).

Pour commencer, j'ai demandé à Julia quelle pourrait être l'histoire de « Monsieur La Peur » si ce livre existait ; comme elle se lançait avec enthousiasme dans cette discussion, l'idée me vint que cela pourrait être un moyen d'utiliser son enthousiasme et son imagination pour lui faire faire quelque chose de concret qui pourrait lui être profitable. Incollable sur la collection « Monsieur L'Homme », Julia me raconta que ce serait l'histoire de Monsieur La Peur et d'un deuxième personnage (les livres de Monsieur L'Homme mettent toujours en scène le personnage principal et un deuxième personnage qui sert en quelque sorte de « faire-valoir », mais qui finit généralement par prendre le rôle « principal »). Je me demandai si ce deuxième personnage serait une petite fille, et Julia suggéra que ce serait une fillette d'à peu près son âge. Elle décida de l'appeler « Peta ».

Je m'arrangeai pour faire passer l'idée que si Peta avait peur de Monsieur La Peur, c'était certainement parce qu'elle ne réalisait pas qu'en fait, il n'était pas aussi effrayant qu'il semblait l'être. Julia pensa que c'était peut-être vrai, et parut ravie lorsque je lui proposai de commencer à écrire l'histoire de Peta et de Monsieur La Peur.

Deux semaines plus tard, Julia revint avec ses parents et se montra un peu plus enthousiaste qu'auparavant. Elle insista pour me montrer son histoire sur le champ. Sa mère lui avait acheté un cahier de brouillon et elles l'avaient recouvert d'un papier brillant ; Julia y avait écrit quatre pages de l'histoire de « Monsieur La Peur ».

> Nous parlâmes de son œuvre d'art et de l'histoire qu'elle avait écrite. La quatrième page était particulièrement intéressante : elle racontait que Peta était sur le point de faire « Bouh ! » à Monsieur La Peur pour l'effrayer. Julia me dit que l'histoire n'était pas finie, et je me demandai comment elle allait se terminer. Pensait-elle que Monsieur La Peur deviendrait de plus en plus grand et Peta, elle, de plus en plus petite, ou bien est-ce que ce serait Peta qui deviendrait de plus en plus grande et Monsieur La Peur de plus en plus petit ? Elle répondit que, à son avis, Peta deviendrait plus grande. (Durrant, 1990)

On m'avait adressé cette enfant pour que je l'aide à « venir à bout » de ses frayeurs. Je n'ai pas cherché à le faire – même si c'est peut-être ce qui s'est passé. Ce qui est certain c'est que je n'ai pas exploré la nature de ses frayeurs ni l'incident qui semblait les avoir déclenchées. Lorsque l'héroïne de l'histoire cessa d'avoir peur, il en fut de même pour ma cliente.

Ce que ces exemples ont en commun, ce n'est pas tant ce qui s'est passé mais surtout ce qui *ne* s'est *pas* passé durant la consultation ou l'intervention, et aussi qu'ils ne font pas nécessairement appel au bon sens.

Il existe beaucoup de théories sur ce que « doivent » faire les enfants, les adolescents et les adultes pour résoudre leurs problèmes émotionnels, comportementaux ou scolaires. Lorsque ces théories donnent des résultats, alors on doit pouvoir en tirer le maximum. Selon mon expérience, la plupart des conseillers psychopédagogiques en milieu scolaire affirment, *soit* qu'ils n'ont pas le temps ou les moyens nécessaires pour exploiter au mieux certains projets thérapeutiques, *soit* qu'ils se trouvent enlisés dans des situations où ce qui est « censé » marcher ne marche pas.

Ce livre propose certains moyens de réflexion et d'intervention face aux problèmes-types qui se posent à l'école, des moyens qui peuvent s'avérer efficaces. Pour commencer, je présente quelques notions sur la fonction de la théorie et des hypothèses en matière de conseil psychopédagogique et de thérapie, car ces notions reposent sur des principes très différents de ceux que la plupart d'entre nous ont appris dans nos cours de psychologie. À partir de la théorie, ce livre essaie de présenter des stratégies pratiques pour faire face aux problèmes auxquels sont confrontés les psychologues scolaires ; je me suis efforcé d'illustrer les différentes notions avec des exemples cliniques tirés de ma pratique et de celle des autres.

Les stratégies se veulent *réalisables et simples* — cependant, cela ne veut pas toujours dire qu'elles soient faciles. Les exigences contradictoires des différentes parties du système scolaire sont souvent un défi à notre confiance en notre savoir-faire ! Néanmoins, ce livre reflète les idées que j'ai présentées dans de nombreux groupes de travail, idées qui ont souvent été considérées comme utiles. Ce livre montre également comment mes idées ont été remises en cause et modifiées par les observations d'enseignants, de conseillers et de parents avec qui j'ai discuté.

Tout ce que j'espère, c'est que les principes et les stratégies présentés dans ce livre apporteront quelques idées pour s'occuper de la « balle invisible » que les élèves nous lancent si souvent ! Ces idées (sorties tout droit du domaine des « thérapies brèves ») sembleront familières à certains. Pour d'autres, ces principes seront nouveaux, peut-être choquants car ils paraissent aller à l'encontre des conceptions traditionnelles dans ce domaine.

On peut paraphraser deux des principes essentiels (et surtout pragmatiques) qui étayent les approches de la thérapie brève :

• Si ce que vous faites avec des élèves et des enseignants est efficace, alors continuez à le faire.

• S'il y a des fois où cela ne marche pas, alors peut-être que ce livre vous aidera à envisager quelque chose de différent.

REMERCIEMENTS

Ce livre doit beaucoup aux enseignants et aux conseillers psychopédagogiques avec qui j'ai échangé des idées au cours de ces dernières années.

Kate Kowalski m'a beaucoup appris sur la pragmatique de la thérapie. Kate et moi avons animé plusieurs groupes de travail pour des conseillers psychopédagogiques en Australie, et Kate a participé pleinement au développement de mes idées. Je suis également très reconnaissant à Kate de m'avoir autorisé à reproduire son article consacré à une intervention sur un problème scolaire.

Susan Barrows Munro de W.W. Norton & Company m'a autorisé à reproduire des passages de différents ouvrages publiés par Norton, ce dont je lui suis reconnaissant, ainsi qu'à Ron Kral, qui non seulement m'a appris à travailler avec les enseignants, mais m'a aussi autorisé à reproduire des extraits de plusieurs de ses publications. Linda Metcalf m'a permis de reproduire des formulaires qu'elle a utilisés avec des enseignants et John J. Murphy m'a autorisé à utiliser une partie de son article sur « l'intervention stratégique brève ». Frank Thomas m'a encouragé malgré la distance et ses fax expédiés tard la nuit m'ont souvent incité à poursuivre. Deborah Goolishian est une amie très chère et une collègue dont j'apprécie toujours le soutien.

Brian Cade, mon estimé collègue, a lu plusieurs versions du manuscrit, m'a laissé lui voler quelques-unes de ses idées, et m'a fait quelques critiques. Jane Durrant et Marjory Cade ont mis au point la version originale de ce livre, et Susan Barrows Munro a usé de toute ses compétences et sa diplomatie d'éditeur pour m'encourager à retoucher la version originelle du texte (initialement publié à tirage limité en Australie) pour en faire un livre utile à un plus grand nombre.

Michael Durrant
Epping, NSW, Australie
Octobre 1994

STRATÉGIES PRATIQUES EN MILIEU SCOLAIRE

CHAPITRE 1 —
Notre regard sur les problèmes scolaires

À bien des égards, le contexte de notre relation thérapeutique avec les élèves et les confrères suppose « qu'on fasse avec » — faire face au jour le jour aux difficultés rencontrées dans une classe ou une école nous impose des contraintes immédiates et puissantes, et nous laisse souvent peu de temps pour nous interroger sur notre façon de faire. Pour la plupart d'entre nous, l'idée de « théorie » est intéressante à l'occasion, lorsque nous avons le temps de nous engager dans une discussion et une réflexion, mais le reste du temps, nous avons un travail à faire et nous le faisons en suivant des protocoles qui nous sont habituels.

Bien sûr, la théorie a sa raison d'être dès lors que (de façon formelle ou non) nous essayons d'analyser le comportement des élèves avec qui nous sommes en contact. Notre façon de résoudre une situation problématique découlera de notre façon de la comprendre. On fait souvent pression sur nous (en tant que psychologues) pour que nous trouvions une explication au comportement d'un élève. Malheureusement, il n'existe aucune technique sûre pour savoir, de façon indubitable, *pourquoi* une personne agit d'une manière ou d'une autre, ou pour savoir ce que signifie tel ou tel comportement. Nombreux sont ceux qui affirmeront, certains de ce qu'ils avancent, que la cause du problème est telle ou telle, alors que d'autres assureront, avec la même certitude, que l'explication est toute autre ! En fait, nous n'en savons rien (et mon expérience révèle qu'en général, ni les enfants, ni les adultes n'ont la moindre idée de la raison pour laquelle ils agissent d'une façon ou d'une autre) : tout ce que nous faisons, c'est émettre des suppositions sensées, des suppositions qui nous aident dans notre tâche.

On peut considérer une théorie comme une « carte » qui nous aiderait à rendre logiques nos suppositions, et il est important d'être logique. Il n'y a pas de « modèle » de thérapie qui soit « vrai », en ce sens que les concepts (tels que « le système familial », « les limites », « les règles », « l'estime de soi », etc....) n'existent pas vraiment en tant qu'entités chez nos clients. Un modèle serait plutôt une carte, ou une métaphore, que nous, thérapeutes, plaçons sur nos observations pour mieux les comprendre. En définitive, un modèle peut être une aide plus ou moins précieuse pour nous, mais n'est pas plus ou moins vrai ni exact. La valeur essentielle d'une carte est de nous aider à déterminer comment aller de « A » à « B ». La plupart de nos clients aspirent tout simplement à atteindre « B » (la solution). De même que les enseignants, les directeurs et les parents veulent simplement que nous aidions les élèves à atteindre « B ». Ils ont peut-être une vague idée de ce qui doit se passer ; cependant, leur souci majeur est généralement que le problème soit résolu pour que la vie continue.

L'idée de concevoir une « théorie » ou un « modèle » de thérapie comme une **carte** m'aide beaucoup. Par exemple, si je dois voyager de Sydney à Melbourne, j'ai tout un choix de cartes qui m'aideront à arriver à destination. Mon *Atlas de la Route B.P.* précise les noms et numéros des grands axes routiers et des villes, ainsi que les stations d'essence B.P. tout au long de la route (B.P. est une importante compagnie multinationale d'essence bien implantée en Australie). Ma vieille carte de géographie ne montre rien de tout cela, mais elle indique les rivières, les lacs, les montagnes, etc.... Les deux cartes m'aident à choisir un itinéraire, et elles sont aussi « exactes » l'une que l'autre : elles s'intéressent simplement à des aspects différents. Cependant, mon voyage ne sera pas le même selon la carte qui va me guider. D'après l'*Atlas Routier*, je pourrai évaluer ma progression en fonction des villes et des stations d'essence B.P. où je passerai (et peut-être sans même remarquer les lacs et les rivières). Si je me sers de la carte géographique, je saurai où je suis en repérant les paysages que je traverse (et peut-être sans même remarquer les stations B.P.). Ce qui signifie que la carte utilisée ne détermine pas seulement la manière de planifier le voyage, mais elle est aussi à l'origine de ce que nous remarquerons tout au long du trajet. De plus, et quelle que soit la carte choisie, si nous gardons le nez collé à la carte, il est bien possible que nous quittions la route ! C'est arrivé à bien des thérapeutes (moi y compris) ! Nombreux sont ceux qui ont considéré les modèles de thérapie comme des cartes, De Shazer (1988) ou Blymer et Smith (1992) par exemple. (Comme nous le verrons plus tard, pour De Shazer, il est plus important de se demander « comment saurons-nous que nous sommes arrivés ? », que de s'interroger sur la meilleure « route » à emprunter.)

Être conseiller scolaire ou intervenir sur les comportements en milieu scolaire est en fin de compte pragmatique : tout ce que les gens veulent, y compris le principal, c'est que les choses changent, et peu importe comment on procède. D'un autre côté, chacun croit savoir *pourquoi* tel comportement se manifeste et *quoi* faire pour le changer. D'après moi, nous devrions passer toutes nos « théories » au crible du pragmatisme : notre interprétation d'une situation nous oriente-t-elle vers une solution ? Par exemple, il se peut que le comportement constamment difficile d'un élève soit dû ou pas au fait que l'un de ses parents est alcoolique. Toutefois, il y a peu de chances pour que nous puissions changer quoi que ce soit à cette situation. Ainsi, une explication axée sur « l'alcoolisme des parents » (ou sur tout autre caractéristique « fixe ») est susceptible de nous mener à une impasse. On explique souvent l'attitude d'un élève par le biais d'événements familiaux ou de spécificités de la famille (« papa vient juste de perdre son emploi », « maman est dépressive », « c'est le moyen de la famille » etc....) ou en termes de personnalité ou de traits psychologiques (« il est impulsif », « elle a des troubles du comportement », « il est comme ça », etc....). Ce qui m'intéresse, ce *n*'est *pas* tant de savoir si ces explications sont « vraies » ou non, mais plutôt de savoir si elles peuvent aider les conseillers et les professeurs à traiter le problème. Trop souvent, ce genre d'interprétations ne permet ni aux psychologues ni aux enseignants de progresser, car ils ne peuvent quasiment rien quant aux antécédents familiaux et à la personnalité d'un élève.

Pour travailler avec des élèves et des enseignants, nous avons besoin de nous référer à des concepts théoriques qui nous permettent d'avancer. Tout un éventail d'idées m'ont semblé très utiles pour mon travail, et j'essaye de les mettre en application de façon logique et cohérente dans les différents domaines de ma pratique thérapeutique. Bien que ces idées soient issues de la thérapie brève, elles sont pour moi un support pour réfléchir sur l'individu et le comportement plutôt qu'un simple outil thérapeutique.

NOTIONS DE « RÉALITÉ »

Le champ de la thérapie familiale a été marqué par des discussions « épistémologiques » (la théorie du savoir, ou comment nous savons ce que nous pensons et ce que nous croyons penser). Plus tard, le débat s'est orienté sur l'adoption ou non d'une perspective « constructiviste ». Au premier abord, ce débat ne semble pas pertinent eu égard aux difficultés auxquelles les psychologues scolaires et les enseignants sont confrontés. C'est le genre de discussion qui passionne les universitaires, tard la nuit lors d'un congrès. Toutefois, les enseignants et les conseillers pédagogiques étant confrontés à un processus d'interprétation du comportement des élèves, toute idée sur la manière dont nous attribuons un sens à un comportement est pertinente.

Pour le constructivisme, la « réalité », ou ce que nous « savons » du monde et notre expérience de ce dernier, est plus le produit de nos processus mentaux que la représentation de quelque chose qui existe réellement. Une perspective constructiviste repose sur l'idée que tout ce que nous savons vraiment du monde, c'est l'expérience que nous en avons et notre façon de lui donner un sens. Nous sommes tous, en permanence, dans un processus visant à donner sens à ce que nous vivons. Des choses différentes ont des significations variées pour des sujets différents. Ce que certains jugeront comme un problème, d'autres le considéreront comme normal et convenable. (Par exemple, tandis que certains élèves trouvent leur comportement « normal », leurs professeurs s'inquiètent de leur attitude.) Pour Bateson, c'est le contexte qui est déterminant. Rien n'a de sens en dehors de son contexte, puisque le même évènement peut avoir diverses significations s'il est analysé différemment. Pour le constructivisme, ce qui est important c'est notre façon de donner un sens aux choses. Par exemple, un professeur peut trouver qu'un élève a des troubles du comportement, tandis qu'un autre le trouvera exubérant ou excité. Ni l'un ni l'autre n'a « tort » ni « raison » : un même comportement peut être interprété différemment.

Comment les gens se perçoivent eux-mêmes et perçoivent leur comportement et le monde, ou leurs croyances dans ces domaines, sont des idées centrales pour le conseiller psychopédagogique et pour le thérapeute, puisque ce sont ces perceptions ou ces croyances qui déterminent le comportement. C'est pourquoi toute tentative pour changer un comportement passe nécessairement par un changement de la signification de ce comportement (pour l'élève ou pour l'école). De plus, le constructivisme suggère que la « réalité » est en relation avec le processus d'observation. En effet, en tant que thérapeutes et conseillers, nous sommes engagés dans une analyse de ce que nous observons chez nos clients et les conclusions auxquelles nous aboutissons sont directement reliées à nos processus d'observation et d'interprétation. Nous savons tous que si nous « cherchons » un problème ou une pathologie en particulier, nous avons tendance à le trouver. Rosenthal et Jacobson (1968) ont montré que les idées préconçues des enseignants sur les compétences des élèves affectaient véritablement les performances de ces derniers. Lorsque des enseignants étaient amenés à penser que leurs élèves étaient brillants, ces derniers avaient effectivement tendance à obtenir de bons résultats. Ainsi, ce point de vue suggère que le comportement et les résultats scolaires des élèves sont liés aux croyances de leurs enseignants et des autres adultes de leur entourage. Les thérapies axées sur cette perspective s'intéressent plus à l'expérience de nos clients, et à leur façon de donner un sens à cette expérience, plutôt qu'à des explications, des diagnostics ou des classifications soi-disant objectifs.

Il en ressort que toute analyse de situations problématiques au sein de l'école doit tenir compte de l'interprétation du comportement ou de la situation par les personnes concernées. Par exemple, lorsqu'un enseignant éprouve en permanence des difficultés avec l'un de ses élèves, il est intéressant de voir comment l'enseignant et l'élève comprennent le problème. La façon dont l'enseignant l'interprète détermine sa réaction. A la longue, le binôme professeur-élève risque bien de se retrouver coincé dans un schéma répétitif. Il se trouve qu'en aidant le professeur à considérer le comportement sous un nouvel angle, on aboutit souvent à une réaction différente qui, puisqu'elle interrompt le schéma, amènera un changement dans le comportement de l'élève.

> De nombreux parents (et des professeurs aussi) ont utilisé des techniques qui visent à transformer une (mauvaise) conduite en jeu. Kral (1989a) donne l'exemple d'un jeune garçon qui déclenchait des confrontations véhémentes quand il s'agissait d'aller se coucher, jusqu'à ce qu'un de ses parents lui dise : « Tu es un petit garçon vraiment rapide, voyons à quelle vitesse tu peux arriver à te coucher ? Je vais te chronométrer. » Epson (1984) raconte l'histoire d'un garçon qui avait volé de l'argent mais refusait de l'avouer. Son père lui dit : « Tu sais, je ne comprends pas, mais on dirait que j'ai perdu cinquante cents. Peux-tu m'aider à les retrouver ? ». La scène qui s'ensuivit amena le père et le fils à chercher chacun dans une pièce ;

constatant plus tard que ni l'un ni l'autre n'avait retrouvé l'argent, ils se mirent à fouiller d'autres pièces sans rien trouver, jusqu'à ce que finalement le garçon aille fouiller dans sa propre chambre tandis que son père cherchait dans la sienne. Lorsque l'enfant revint en ayant « trouvé » l'argent, son père se montra reconnaissant à juste titre. Le père renouvela cette scène les jours suivants (même s'il ne lui manquait pas d'argent) et, miraculeusement, le garçon trouvait toujours l'argent soi-disant perdu, dans sa chambre. Son père se montra si reconnaissant qu'il autorisa son fils à garder l'argent, et l'enfant cessa alors de voler.

Bien des gens ont l'habitude de ce genre de méthode. Transformer des situations en jeu ne modifie pas seulement le sens de la situation, mais aussi le schéma d'interaction adulte-enfant qui s'est développé autour du problème. Bien sûr, pour que des adultes changent leurs réactions, il faut qu'ils modifient leur façon d'envisager la situation. On ne sait pas exactement jusqu'où ce changement peut modifier la réaction typique des adultes, ou la signification de la situation pour l'enfant. D'ailleurs, ça n'a probablement pas d'importance.

Citons un autre exemple issu du milieu scolaire :

Un enseignant avait besoin de conseil au sujet d'un élève particulièrement difficile. Ce dernier venait d'une unité psychiatrique spécialisée pour enfants, et son arrivée avait été précédée d'un lourd dossier d'évaluation. Le personnel de l'école avait été informé que ce garçon faisait des crises de colère terribles lorsqu'on le contrariait. Le personnel de l'unité psychiatrique, désireux d'aider à ce que le passage à l'école soit une réussite, avait proposé qu'en cas de violente crise de colère du garçon, on l'appelle afin qu'une infirmière spécialisée vienne aussitôt à l'école pour aider à maîtriser la situation.

Les enseignants redoutaient l'enfant et ses accès de colère, et craignaient, en cas de crise, d'être incapables de dominer la situation le temps que l'infirmière en question arrive.

L'équipe pédagogique suggéra qu'on abordait peut-être mal le problème de ce garçon. C'était trop facile de le considérer comme quelqu'un qui a de graves problèmes psychologiques. Ce n'était peut-être pas ça le plus important. Peut-être fallait-il simplement admettre que cet enfant avait vécu de nombreux bouleversements dans sa vie, son éducation, et ses facultés d'adaptation, d'où son extrême sentiment de confusion et d'insécurité.

Nous nous sommes interrogés pour déterminer ce que cela changerait si on le considérait sous cet angle. Quelqu'un souligna combien, dans ce cas, il était important que les enseignants l'aident à se sentir en « sécurité », en adoptant une attitude ferme et franche à son égard, afin qu'il puisse « savoir où il en était ».

Tant que les enseignants considéraient qu'il était « spécial » (un enfant affublé d'une étiquette psychiatrique), ils se sentaient impuissants. Le plan de secours qui prévoyait qu'une infirmière de l'unité psychiatrique vienne en cas de problème, aussi bien intentionné qu'il soit, contribuait à renforcer leur impuissance. Nous sommes tout à fait certains que ce garçon ressentait l'impuissance du personnel et qu'il réagissait dans ce sens-là. Le garçon et le personnel s'étaient enfermés dans un schéma d'attentes mutuelles et de réactions qui allaient à l'encontre du but recherché.

En considérant le garçon sous un autre angle, le personnel se sentit alors « libre » d'essayer de contrôler son comportement. Cela restait difficile, mais les enseignants étaient ainsi plus enclins à trouver qu'ils faisaient quelque chose, et le garçon avait plus tendance à réagir à leur plus grande confiance en eux.

Tout cela ne veut pas dire que les réactions des enseignants étaient la « cause » même du problème, loin de là. Cependant, cela signifie que les solutions ne sont pas forcément reliées aux causes, et qu'en modifiant un élément de l'interaction on en modifie également les autres. Le changement suppose parfois d'aider les gens à penser différemment (ce qui conduit généralement à un changement de leur attitude), ou plus directement, de les aider à agir différemment (ce qui doit leur permettre, en général, d'envisager la situation sous un nouvel aspect).

C'est une idée toute simple, que les solutions aux problèmes ne sont pas forcément et logiquement reliées aux causes apparentes des problèmes, mais qui a des retombées importantes. En effet, si l'on se réfère à ce que l'on nous a appris, la solution à un problème donné suppose la découverte de la cause de ce problème. Mais la difficulté qui se pose au corps enseignant, c'est que les causes apparentes des problèmes des élèves sont souvent des points sur lesquels l'école ne peut pas intervenir. Si l'intervention devait absolument traiter les causes, notre travail serait alors décourageant, surtout quand on ne peut pas faire grand-chose quant à la cause apparente (à part peut-être transférer le cas à une autre personne, ce qui n'est jamais très satisfaisant). Par contre, si on pouvait trouver un moyen d'aider les élèves ou les enseignants à agir différemment, et à débloquer ainsi la situation, sans avoir forcément besoin de trouver et tenir compte de la cause, ce serait une véritable libération.

Murphy explique ainsi les implications du constructivisme dans le milieu scolaire :

> Tous les intéressés, y compris les élèves, peuvent avoir des points de vue très différents sur l'existence ou non d'un problème, sur sa cause ou sur sa solution. Selon l'approche constructiviste, nous nous fondons sur une explication particulière (par exemple : « élève indifférent et apathique »), comme si c'était là toute la vérité à propos du problème et non simplement une des explications possibles des événements ou des comportements (par exemple : « élève tranquille en position d'observateur respectueux »).
>
> Selon cette approche, la validité d'une signification ou d'une interprétation particulière repose uniquement sur un critère pragmatique, clinique : son utilité à amener l'élève ou les autres personnes concernées à réagir différemment au problème. Etant donné que les explications sont choisies pragmatiquement, en fonction des idiosyncrasies particulières au problème et aux gens concernés, l'utilité des interprétations spécifiques (par exemple : pensées irrationnelles, dysfonctionnement familial, hyperactivité) variera d'un cas à un autre.
>
> Par nature, le constructivisme reconnaît la complexité du comportement humain, de ses origines et de ses interprétations. En adoptant cette perspective, le praticien jouit d'une flexibilité optimale pour interpréter un comportement d'une manière clini-

quement utile, sans compromettre son authenticité ou sa sincérité. (Murphy, 1992, p 62)

Même si le débat sur le constructivisme et la « réalité » devient parfois quelque peu ésotérique, il s'avère très pertinent pour la pratique du conseil en milieu scolaire.

Comme il a été dit précédemment, il permet de centrer l'attention sur « ce qui marche » plutôt que de se perdre dans ce qui est « vrai ».

C'est d'autant plus intéressant si on considère la question de « la motivation » des élèves envers le conseil, car il arrive qu'un élève ne soit pas du tout motivé pour « travailler » sur un problème donné, mais le devienne si le problème est décrit ou interprété différemment. Nous y reviendrons plus loin.

De même, lorsqu'on travaille sur le comportement et l'émotion, le fait de s'interroger sur la signification du comportement pour le sujet, au lieu de faire la relation avec quelques critères plus ou moins objectifs, peut avoir des répercutions sur certains aspects comme l'évaluation de la situation.

Même quand on a affaire à des problèmes (apparemment) plus objectifs, comme les problèmes pédagogiques par exemple, ce point de vue peut parfois faire une différence. Si les difficultés d'un élève s'amenuisent grâce à des cours de rattrapage, alors il faut continuer dans cette voie. Par contre, si ces cours paraissent faire peu de différence, et que les professeurs semblent travailler de plus en plus dur à la résolution du problème alors que l'élève ne paraît pas bouger d'un pouce, il faut avoir recours à une autre approche. Dans une telle situation, nous pourrions considérer que – quels que soient les handicaps, les déficiences et les problèmes qui sont peut-être liés à l'origine de la difficulté d'apprentissage – la manière dont on l'aborde est peut-être devenue une partie du problème, et qu'un changement dans la façon de prendre les choses en charge pourrait amener les gens à y penser différemment et donc à agir autrement.

Pour Molnar et Lindquist (1989), « quand on veut que quelque chose change, il faut changer quelque chose ». Si notre préoccupation première porte sur la signification « réelle » ou sur la cause d'un problème, nous risquons d'avoir du mal à découvrir ce que l'on doit changer. Par contre, si nous acceptons que ce qui compte vraiment c'est la signification du

CONCEPTIONS HABITUELLES DES DIFFICULTÉS SCOLAIRES

• Les difficultés scolaires sont la faute de quelqu'un... celle de l'enfant, des parents, des enseignants, etc.

• Les difficultés scolaires résultent d'une déficience personnelle (psychologique) ou familiale.

• Tout comportement problématique à l'école ne concerne que l'attitude de l'élève, attitude qu'il faudrait modifier (sans tenir compte du comportement ou des réactions des autres).

• Si une modification du comportement est insuffisante, il faut prendre en compte les déficiences psychologiques et « travailler dessus » afin d'éviter de futurs problèmes émotionnels ou de futures difficultés scolaires.

• Les problèmes qui se manifestent par un comportement difficile à l'école entraînent volontiers des difficultés d'adaptation dans l'avenir.

• Une fois qu'on a compris la raison ou la cause de la difficulté, on est capable de la « résoudre ».

(Inspiré d'un tableau de Kate Kowalski)

MES CONCEPTIONS DES DIFFICULTÉS SCOLAIRES

• Il vaut mieux considérer les difficultés scolaires comme des schémas interactifs, qui sont involontairement entretenus dans l'espoir de résoudre la difficulté première.

• Quelle que soit la « cause » d'un problème scolaire, il persiste souvent parce que l'élève, et/ou les enseignants, et/ou les parents, continuent à réagir, sans en avoir conscience, d'une manière qui entretient le problème.

• Les problèmes scolaires ne reflètent pas forcément un type particulier de déficience de l'individu, de l'école ou de la famille.

• Il est plus utile d'essayer de développer une solution au problème, que de s'efforcer d'en comprendre la « cause », dès lors en particulier que le corps enseignant ne peut bien souvent pas agir sur la cause apparente.

• Les problèmes scolaires, comme d'autres difficultés, ont tendance à évoluer en « cercles vicieux » qui amènent l'étudiant et/ou à l'enseignant concerné(s) à se focaliser de plus en plus sur le problème.

• Ces « cercles » ont tendance à masquer toute information concernant l'élève qui remettrait en cause la description centrée sur le problème.

• Un changement dans le « problème » de comportement peut entraîner d'autres changements à long terme ayant des effets positifs sur différents aspects du comportement et du fonctionnement ultérieurs du sujet.

problème pour les personnes concernées, et au moment présent, alors nous aurons peut-être l'occasion de changer *quelque chose*, et donc de modifier l'ensemble des significations et des interactions.

Molnar et Lindquist s'intéressent particulièrement à la signification donnée au sein du contexte d'interaction et utilisent l'expression « d'approche écosystémique ».

> Considérer les écoles et les classes comme des écosystèmes signifie que le comportement de tous, dans une classe ou une école dans laquelle un problème se manifeste, influence et est influencé par le problème en question. Conformément à cette idée, un changement de perception ou de comportement de quiconque serait en relation avec le problème a une chance d'influencer le comportement problématique. Nous pensons que c'est là un point de vue très précieux car il suppose que chacun a la capacité d'influencer positivement toute situation problématique à laquelle il se trouve mêlé. (Molnar et Lindquist, 1989, p. xiv)

Là encore, en s'intéressant à la signification et au comportement, on a la possibilité d'apporter un changement, en opérant une petite modification quelque part, que l'on ait ou non trouvé la « vraie » cause. Cela nous permet de travailler à une solution, assurés que si nous pouvons changer un aspect des interactions du problème, il y aura une répercussion sur toutes les personnes concernées.

Bousculés par les exigences quotidiennes en milieu scolaire, nous pensons peu à la « théorie ». Pourtant, nous faisons appel dans notre travail à certaines hypothèses, des idées sur la nature des problèmes des élèves et sur leurs solutions, et ces hypothèses méritent quelques explications.

LES CONCEPTIONS DE BASE D'UNE APPROCHE INTERACTIVE BRÈVE

Qu'on l'admette ou non, notre travail avec les élèves et nos collègues repose sur un ensemble de conceptions sur les individus, les problèmes, le comportement et le changement. En fait, parce que nous ne pouvons pas *savoir* pourquoi certaines choses arrivent, nous avons recours à toute une panoplie de principes directeurs pour nous guider et nous *pensons* que les choses s'y conforment.

1. Tout individu est engagé dans un processus permanent pour donner un sens à son expérience.

C'est un processus par lequel nous formulons des présuppositions sur les interactions et les comportements (ce que Kelly appelle « constructions personnelles »), car nous avons tous besoin d'hypothèses sur le monde pour affronter chaque jour qui passe. Notre comportement dépend de notre expérience et de notre compréhension de nous-mêmes, des autres et des situations. Les croyances des gens sur eux-mêmes et sur les autres les empêchent de prendre note d'informations sur eux-mêmes, sur les autres ou sur les relations qui leur permettraient de remarquer des différences et d'avancer.

2. Les individus vivent leurs problèmes en tant que problèmes et veulent généralement que les choses s'améliorent.

Tout comportement peut avoir de multiples « significations », certaines positives, d'autres négatives, et le comportement problématique peut lui aussi « avoir une signification », c'est-à-dire que « le comportement problématique » repose sur une certaine conception de la réalité que l'on peut comprendre, respecter et avec laquelle il est possible de coopérer. Il ne sert à rien de penser en termes de résistance, de dépendance, de maladie ou de déni : les différents degrés de motivation des gens correspondent à leur point de vue de la situation et des possibilités de changement.

3. Les problèmes ne sont pas des indicateurs de pathologie.

Les problèmes se manifestent dans le contexte des interactions humaines et, en général, « ils arrivent tout simplement ». Les problèmes englobent les comportements et les perceptions, et le processus de changement inclut à la fois de se comporter différemment et de penser différemment. Il est plus utile de se demander « qu'est-ce qui peut amener les clients à trouver ou à remarquer des solutions ? » plutôt que « quelle est la cause du problème ? »

4. Le sujet a déjà essayé de résoudre son problème,

... mais il n'a pas réussi. Ces tentatives (directement influencées par la façon dont le client perçoit lui-même son problème) l'entraînent plutôt à centrer son attention sur le problème et à se sentir coincé, qu'à envisager des solutions différentes.

5. Tout le monde possède un réservoir de ressources.

Les gens connaissent certaines de ces ressources et pas d'autres. L'une des principales conséquences des problèmes, et de l'expérience qu'on en a, c'est un aveuglement qui empêche de discerner ses points forts et ses compétences ou tout comportement orienté vers la solution et qui existe déjà. Il se développe une vision de soi-même et des interactions « dominée par le problème ». Les gens tendent à remarquer et à donner de l'importance à des « faits » qui entretiennent ce point de vue sur eux-mêmes, sur les autres, leurs relations, et les situations qu'ils rencontrent.

6. Le problème est le problème.

L'individu n'est pas le problème. Les notions de pathologie, de dysfonctionnement, de manque de résolution, de fonction du problème ou les étiquettes diagnostiques insinuent que les problèmes font partie intégrante de l'individu, ce qui empêche celui-ci d'envisager qu'il puisse avoir la moindre latitude pour trouver des solutions.

7. Le changement est permanent.

Le changement est inévitable. L'effet boule de neige fait qu'un petit changement peut induire un changement plus important. Les meilleurs changements sont ceux qui sont identifiés par le client plutôt que par le thérapeute, et que l'on peut considérer comme appartenant à un processus de progrès pas à pas.

8. Tout problème comporte des EXCEPTIONS.

Ces exceptions (les moments où le problème ne se manifeste pas, ou lorsqu'il se passe autre chose) sont des indications utiles pour trouver une solution. Les clients, généralement, les trouvent insignifiantes mais on peut leur donner de l'importance par une série de questions. Centrer son attention sur ces petites « failles » dans son comportement ou sa perception de lui-même, peut aider le client à se construire une nouvelle image de lui-même, image d'un individu compétent et maître de lui.

9. Le problème peut être « recadré » différemment et d'une façon plus profitable.

On peut élaborer de nouvelles significations plus bénéfiques, au moins pour certains aspects de la plainte des clients... le problème peut être redéfini de façon à mettre en évidence l'existence de comportements-solutions et/ou à envisager la possibilité d'un nouveau comportement orienté vers la solution. Les solutions éventuelles (ou les interventions) sont plus efficaces lorsqu'elles s'accordent aux conceptions du client, à son langage et à son expérience.

10. « Si ça marche, ne pas y toucher. »

Encouragez les clients à faire plus de la même chose. « Si ça ne marche pas, faites autre chose. » Ces notions sont aussi importantes pour les clients que pour les thérapeutes.

11. On n'a pas besoin de savoir quel est le problème.

Une thérapie peut être efficace même si le thérapeute ne peut pas définir exactement le problème, ou même si les clients ne sont pas d'accord sur la définition du problème. Il est plus important de savoir ce qui sera différent lorsque le problème sera résolu.

CHAPITRE 2 —
Changer un comportement et sa signification

Le domaine de la « thérapie brève » a beaucoup à offrir aux conseillers psychopédagogiques qui recherchent une approche sensée pour changer un comportement et sa signification sans se perdre dans l'archéologie des causes. La thérapie brève a tendance a être pragmatique (mais ne recherche pas seulement la suppression des symptômes) et elle s'efforce d'être aussi simple que possible. Elle apparaît très différente de ces approches qui font grand cas d'un vocabulaire et d'une classification complexes.

L'APPROCHE D'ERICKSON

La plupart de ces approches qu'on appelle aujourd'hui « thérapie brève » ou « thérapie familiale » ont subi l'influence du travail de Milton Erickson.

Psychiatre et hypnothérapeute, Milton Erickson était dyslexique, et présentait une surdité musicale[1] et une cécité des couleurs[2]. Il avait été atteint de la poliomyélite à la fin de son adolescence, et avait subi une aggravation de sa maladie à cinquante ans. Sa première attaque l'avait laissé presque entièrement paralysé, mais il fit preuve d'une grande détermination pour s'en relever. Durant cette période, il apprit seul à remarcher : il observait d'abord attentivement les différentes étapes que surmontait sa petite sœur tandis qu'elle apprenait à marcher ; grâce à ces observations, il se visualisait en train de contracter certains muscles et de pratiquer ces mouvements. A la suite de quoi, il développa une croyance selon laquelle nos limites sont, jusqu'à un certain point, des constructions mentales et que l'on peut utiliser des ressources que l'on ignore en général pour surmonter nos handicaps.

1 N.D.T. : ou amusie tonale : incapacité à reconnaître les airs de musique.

2 N.D.T. : ou achromatopie : incapacité à distinguer la plupart des couleurs.

> Il semble qu'Erickson ait conçu sa vie comme une expérience continue au cours de laquelle tout obstacle apparemment insurmontable était un défi lancé à ses ressources, sa créativité et sa volonté de fer... C'était comme si la maladie du jeune Erickson... lui avait permis d'entrevoir la superstructure de la réalité subjective... Il découvrit que la plupart des « règles » de la vie qui fixent les limites de l'homme étaient des croyances arbitraires et non des faits. Il écrivit des années plus tard : « Les êtres humains, parce qu'ils sont humains, ont tendance à réagir selon des schémas et nous sommes gouvernés par certains schémas de comportement... On n'imagine pas à quel point nous sommes tous des modèles de rigidité. »
>
> En lisant les comptes rendus du travail d'Erickson, on ne peut que remarquer sa capacité à être en harmonie parfaite avec le monde subjectif des personnes qu'il traitait... Sa grande finesse d'esprit lui permettait de discerner les fondements du modèle particulier de réalité sous-jacent au comportement d'une personne.
>
> Erickson était bien connu pour se méfier des généralisations théoriques. Il rappelait sans cesse à ses élèves qu'une approche formelle des individus ou de n'importe quel sujet, ignore la réalité cardinale des différences individuelles et prive le thérapeute d'un outil essentiel, ses facultés d'observation. (Simon, 1983)

Que ce soit dans le cadre de l'hypnose ou lors de l'utilisation, dans un contexte non-hypnotique, des conceptions « hypnotiques » de la communication, du langage et du changement, le travail d'Erickson était caractérisé par un grand respect pour *l'expérience* de ses clients. Ayant cherché à comprendre et à valider l'expérience de ses clients (plutôt que les hypothèses d'autres professionnels), il pratiquait des interventions thérapeutiques qui suggéraient une perspective ou un comportement différent. Même si les interventions d'Erickson semblaient parfois « tortueuses » — car elles ne correspondaient pas aux idées qui prévalaient à propos des solutions de rigueur — elles laissaient toujours apparaître un grand respect pour la façon particulière (souvent idyosyncrasique) dont le client se percevait lui-même.

La notion d'*utilisation* a été fondamentale dans le travail d'Erickson, notion selon laquelle il ne sert à rien d'engager un « combat » avec les clients dont les idées ne correspondent pas à celles du thérapeute, mais qu'il est par contre préférable de trouver des moyens d'utiliser tous les éléments que le client apporte. « Pour élaborer une solution, il faut utiliser tout ce que fait le client qui soit "vrai", "utile", "efficace", "bon" ou "drôle". » (De Shazer, 1988, p. 140)

L'un des cas les plus célèbres d'Erickson (et des plus bizarres aussi) – mais qui n'a rien à voir avec les problèmes scolaires – concerne ce qu'il a appelé « le traitement hypnotique indirect d'un couple d'énurétiques ». Le mari et la femme, très complexés et profondément religieux, étaient tous deux énurétiques, mais chacun ignorait le problème de l'autre. Après leur nuit de noce, ils s'éveillèrent dans un lit mouillé ; l'homme resta couché, embarrassé, et se dit : « N'est-elle pas merveilleuse, elle n'en parle pas. » Sa femme allongée, embarrassée, se disait également : « N'est-il pas merveilleux, il ne dit rien. » Ce n'est que quelques temps plus tard qu'ils découvrirent qu'ils avaient *tous les deux* le même problème.

Erickson leur demanda de s'engager à faire tout ce qu'il leur demanderait pour résoudre leur problème. Ensuite, il leur donna comme instruction de s'agenouiller tous les soirs sur le lit, avant de se coucher, et d'uriner délibérément sur les draps. Il ajouta qu'ils devaient boire beaucoup quelques heures avant d'aller au lit. De plus, ils ne devraient en aucun cas parler entre eux de cette prescription.

Deux semaines plus tard, le couple se réveilla dans des draps secs. Bien que leur embarras ait empêché toute relation sexuelle après leur nuit de noce, plus tard, ils présentèrent leur bébé à Erickson. (D'après O'Hanlon et Hexum, 1990, et Rossi, 1980.)

On peut expliquer ce résultat positif de diverses manières (et dans l'ensemble, les comptes rendus du travail d'Erickson montrent qu'il ne s'est pas vraiment préoccupé de savoir pourquoi quelque chose avait marché). Erickson a obtenu la confiance du couple ; il les a amenés à faire quelque chose qui tranchait sur leur façon habituelle d'essayer de prescription du problème

mettre fin à leur énurésie ; il a prescrit (ou utilisé) le problème, mais d'une manière différente, et il leur a donné une sorte de « corvée ».

Dans l'ensemble, Erickson envisageait les problèmes en termes « d'habitudes » liées à un contexte particulier : il ne se penchait pas sur la « fonction » ou « les bénéfices secondaires » d'un problème, mais mettait plutôt l'accent sur les intentions positives des gens et sur les changements, aussi minimes soient-ils.

L'influence d'Erickson sur les diverses approches de la thérapie familiale est incontestable, que ce soit l'approche de la thérapie brève du M.R.I.[1] (Weakland et al.,1974), l'approche de la thérapie brève orientée vers la solution et l'approche stratégique de Haley, ou les idées de Michael White. De nombreux courants de « thérapie familiale » ont reconnu l'influence de Gregory Bateson. Quant à Erickson, malgré son importante collaboration au développement des approches interactives brèves, sa contribution n'a pas toujours été suffisamment soulignée.

L'APPROCHE DE LA THÉRAPIE BRÈVE DU M.R.I.

Le Projet de Thérapie Brève au M.R.I. de Palo Alto (en Californie) a établi la plupart des idées essentielles qui étayent les approches brèves et de bon sens (Weakland et al., 1974). Le travail du M.R.I. s'est fondé en partie sur les idées de Milton Erickson, et en partie sur celles de Gregory Bateson (le Projet de Thérapie Brève du M.R.I. « s'est développé » à partir du groupe qui travaillait avec Bateson à son projet de recherche sur les bases interactives de la schizophrénie, un projet dans lequel Erickson intervenait en tant que consultant).

À cette époque, toute thérapie était de longue haleine et se fondait sur les notions psychiatriques « traditionnelles » de causes sous-jacentes, et d'une longue exploration visant à la compréhension intérieure (« insight ») ; le Projet de Thérapie Brève du M.R.I. a cherché, quant à lui, à voir ce qu'il se passerait si la thérapie était limitée à dix séances. Il se développa ainsi une approche orientée vers la résolution des problèmes, et la projection par les clients d'une vie et d'un avenir pleins de réussite, au lieu d'explorer chaque expérience, pensée ou sentiment qui pourrait avoir un lien avec le développement du problème.

---

1 N.D.T. : M.R.I.: « Mental Research Institut » : Institut de Recherches Mentales.

> Nous sommes franchement orientés sur les symptômes au sens large. Les patients ou les membres de leur famille se présentent avec certaines plaintes et les accepter en thérapie engage notre responsabilité pour soulager ces plaintes. D'autre part, comme le comportement symptôme et les cycles vicieux de réactions et contre-réactions qui l'accompagnent peuvent tellement perturber le fonctionnement du système, nous pensons qu'il est inutile de s'empresser de rechercher d'autres racines, plus profondes, à la pathologie. Le problème présenté offre, en un tout, ce sur quoi le patient est prêt à travailler, une manifestation concentrée de ce qui ne va pas et un indice concret de chaque progrès accompli. (Weakland et al., 1974, p. 147.)

La plupart des développements dans les domaines de la thérapie brève et de la thérapie familiale sont plus ou moins fondés (et cette filiation est plus ou moins avouée) sur les principes et les stratégies du M.R.I. Voici quelques idées fondamentales de cette approche :

Les problèmes surviennent tout simplement

Les problèmes font suite à des difficultés tout à fait ordinaires (ou extraordinaires), mais qui sont interprétées d'une manière particulière. Murphy (1992, p. 62) explique :

> Un problème se développe lorsque, dans la vie d'un élève, des difficultés ordinaires, telles que des conflits entre camarades ou des problèmes scolaires, sont mal traitées par l'élève ou son entourage. La difficulté devient alors un problème à part entière, et les efforts, aussi bien intentionnés soient-ils, faits pour le résoudre par l'élève et son entourage ne font en fait que l'aggraver... L'intervention s'applique à interrompre les tentatives inefficaces de solutions de manière à favoriser des réponses plus positives au problème.

Par exemple, il est tout à fait normal d'éprouver de la déception quand on doit faire face à des taquineries, mais cela peut devenir un problème quand l'élève l'interprète comme un échec personnel, qu'il en perd sa confiance en lui et devient alors plus susceptible, etc.

Les problèmes persistent à cause des interactions qui les entretiennent

Quelle que soit « leur cause », les problèmes demeurent parce que le client et/ou son entourage se comportent d'une manière qui, involontairement, les entretient. Et ce sont en général les *solutions tentées* par les clients, ce qu'ils essaient de faire pour résoudre le problème, à leur façon, qui participent au maintien du problème.

Par exemple, les étourderies et le manque de concentration d'une élève peuvent être ou non la conséquence d'une menace de rupture du couple parental. Mais un de ses professeurs de plus en plus inquiet par ce problème, risque de réagir en l'encourageant, en la motivant et en lui rappelant tout ce qu'elle doit faire (une réaction tout à fait « normale »). L'élève, tout en étant peut-être agacée par les constants rappels à l'ordre de son professeur, va se vivre comme incapable de se souvenir ou de mener à bien les choses par elle-même. Elle entre ainsi dans un cercle vicieux dans lequel elle se croit incapable de faire son travail et se comporte en conséquence.

Un comportement nouveau peut interrompre les mécanismes qui entretiennent le problème

Tout comportement qui ne fait pas partie du schéma habituel et provenant de quiconque est partie prenante dans les interactions en cause, peut interrompre les mécanismes d'entretien du problème et permettre ainsi l'émergence d'une réponse différente. Ce nouveau comportement ne doit pas forcément « avoir du sens ».

Par exemple, si des efforts soutenus pour mettre un terme à un certain comportement ont par inadvertance contribué à l'entretenir, une nouvelle solution qui semble encourager le comportement peut (paradoxalement) interrompre le schéma habituel et aboutir à une attitude nouvelle.

Des significations nouvelles peuvent interrompre les mécanismes qui entretiennent le problème

Le recadrage est défini comme « ..modifier le contexte conceptuel et/ou émotionnel d'une situation, ou le point de vue selon lequel elle est vécue, en la plaçant dans un autre cadre, qui concorde aussi bien, ou même mieux, aux “faits” de cette situation concrète, dont le sens, par conséquent, change complètement ». (Watzlawick, Weakland et Fisch,

recadrage

1975, p 116.) Une signification ou un cadre différent offre aux gens l'occasion de donner un sens différent à leur expérience et ainsi, d'avoir la possibilité de se comporter et de percevoir les choses différemment.

Molnar et Lindquist (1989) donnent l'exemple d'un groupe de garçons qui passent la plupart des cours à discuter à voix haute. L'enseignante interpréta cette conduite comme étant « provocatrice et perturbante » et elle réagit en conséquence ; néanmoins, ses tentatives pour contrôler la situation échouèrent, et elle s'engagea avec les élèves, dans un processus d'escalade. Quand l'enseignante fut capable de redéfinir leur comportement en considérant que « l'amitié est importante et ces élèves ont besoin de contact pour entretenir leur amitié », la situation lui parut moins conflictuelle. Alors, elle encouragea les élèves à « se retrouver entre eux », et réserva un moment en début de cours durant lequel elle les encourageait à parler entre eux. Cette modification de sa réaction fit que les élèves cessèrent peu à peu de perturber le cours.

THÉRAPIE BRÈVE CENTRÉE SUR LA SOLUTION

De Shazer et ses collègues du Centre de Thérapie Familiale Brève[1], de Milwaukee, ont développé une approche originale, fondée sur les idées d'Erickson quant aux ressources des individus et sur certaines idées du M.R.I. Dans leur recherche, ils ont déplacé leur centre d'intérêt du problème vers la construction d'une solution avec les clients ; en effet, ils se sont rendu compte que ce que les clients trouvaient utile (« les solutions ») n'avait la plupart du temps aucun rapport direct avec les problèmes présentés, mais était plutôt quelque chose qui, d'une certaine manière, « s'accordait » bien avec leur expérience (De Shazer, 1985). En conséquence, l'essentiel du traitement ne consistait plus à essayer de comprendre le problème et à aider les gens à le résoudre, mais à leur poser des questions et à leur prescrire des tâches qui les aident à se focaliser sur leur propre perception de leurs besoins et de leurs objectifs, et sur leurs propres ressources présentes ou potentielles pour trouver des solutions. (Lipchik et De Shazer, 1986; Molnar et De Shazer, 1987).

Ce sont les problèmes qui bloquent les gens, et se centrer sur les problèmes risque de provoquer encore plus de blocage. Les solutions sont

---

1 N.D.T. : B.F.T.C., Brief Family Therapy Center.

les changements auxquels tendent les gens, et se centrer sur ceux-ci nous permet de nous tourner vers l'avenir.

Même si certains peuvent reprocher à cette approche d'être « simpliste », l'approche centrée sur la solution a été utilisée avec beaucoup de succès sur une grande variété d'individus et de problèmes, comme par exemple l'alcoolisme chronique (Berg et Miller, 1992 ; Blymer et Smith, 1992), les difficultés conjugales (Hudson et O'Hanlon, 1992 ; De Shazer, 1991), les abus sexuels (Dolan, 1991 ; Durrant et Kowalski, 1990), la dépression (Durrant et Kowalski, 1993), le traitement des adolescents en institution (Durrant, 1993), les troubles psychiatriques (De Shazer, 1991, chap. 12), etc. Molnar et Lindquist (1989) ainsi que Kral (1988, 1989 a et b) ont appliqué cette approche spécifiquement aux particularités du milieu scolaire.

Les exceptions

Interroger les clients sur les moments où le problème n'était pas un problème (ou ne l'était pas autant) est souvent plus profitable que de chercher les moments où il en était un. A bien des égards, il est plus facile de « construire » sur ce qui est déjà satisfaisant que de « figer » ce qui ne va pas.

> On considère que les problèmes se maintiennent tout simplement parce qu'il en est ainsi et parce que les clients décrivent les problèmes comme se produisant *tout le temps*. Les moments où la plainte est absente sont donc considérés comme peu importants par le client ou demeurent même complètement invisibles, dissimulés à sa vue. Rien n'est en fait caché, mais comme ces exceptions crèvent les yeux, elles ne sont pas perçues par le client comme « la différence qui crée la différence ». Pour le client, c'est le problème qui est primordial (et les exceptions, si elles apparaissent, sont secondaires), tandis que pour les thérapeutes ces exceptions sont considérées comme primordiales. Le but des interventions est d'aider les clients à opérer la même inversion, ce qui mènera à l'élaboration d'une solution. (De Shazer, 1991, p.58.)

Considérons l'exemple d'un élève qui n'arrive jamais à finir son travail et perturbe ainsi la classe, et qui ne réagit pas aux stratégies censées changer ce comportement. L'élève peut développer le syndrome du « je ne peux pas le faire », ou du « je m'en fiche », et tout effort pour changer ce comportement risque tout simplement de le conforter dans sa position. Par contre, s'intéresser aux moments (qui sont peut-être rares ou brefs) où l'élève a su terminer son travail, peut permettre à l'élève et/ou à l'enseignant de développer une nouvelle perspective. En se focalisant sur ces petites réussites, il pourrait se faire que l'enseignant adopte un point de vue nouveau et donc réagisse différemment, ou il se pourrait que la discussion sur ces exceptions amène l'élève à essayer de faire plus de « ce qui marche déjà ».

L'utilisation

Le modèle centré sur la solution accorde une grande valeur aux compétences et aux solutions, en filiation directe de la notion d'*utilisation* d'Erickson. Lorsque Erickson a « réappris » à marcher tout seul, et conclu que les limites n'étaient que des constructions mentales, il ne s'agissait pas d'une foi aveugle en la bonté et les ressources de l'homme. C'était plutôt comme si le jeune Erickson disait : « Bon, il est évident que j'ai déjà appris à marcher une fois, je dois donc avoir toutes les capacités requises pour le faire à nouveau ». Ce qui veut dire qu'Erickson pensait que les gens ont les apprentissages et les aptitudes nécessaires pour faire face à la plupart des situations. Son approche visait à tirer profit de ces apprentissages du passé qui sans cela demeuraient méconnus.

D'autre part, il en était venu à penser que nous pouvions utiliser *tous* les éléments apportés par un client en thérapie, même si c'était de la résistance ou un manque de motivation.

> Nous considérons [la thérapie] comme un processus par lequel nous aidons les gens à utiliser leurs propres associations mentales, leurs souvenirs et leurs ressources vitales pour réaliser leurs propres objectifs thérapeutiques. La [thérapie] peut faciliter l'utilisation d'aptitudes et de potentiels déjà existants chez une personne mais qui restent inutilisés ou insuffisamment développés... le [thérapeute]... explore la personnalité du patient à la recherche des apprentissages, des expériences, et des capacités

> mentales qui seront utiles pour traiter le problème. (Erickson et Rossi, 1979, p. 1)

Croire que nous pouvons utiliser *tout* ce que les clients (les élèves, les enseignants ou les parents) apportent, nous autorise à penser que nous pouvons utiliser, pour le processus de changement, tout succès (exceptions), qu'il soit actuel ou passé. De plus, cette croyance nous permet de nous débarrasser de concepts tels que « la résistance ». Lorsqu'il se focalise sur l'utilisation, le thérapeute centré sur la solution trouve *quelque chose* à utiliser, quelque chose qu'on peut concevoir comme la « façon de coopérer » du client.

> Chaque famille (individu ou couple) tente à sa façon particulière de coopérer. ... Si un thérapeute *choisit* de considérer le comportement du client comme de la résistance, alors il ne peut voir les tentatives de coopération, car les deux points de vue s'excluent l'un l'autre ; si le thérapeute est à l'affût de tout comportement de coopération, alors il sera incapable de voir de la résistance. (De Shazer, 1985, p. 72-73)

On peut appliquer ce principe d'une manière tangible en élaborant un programme thérapeutique avec des élèves qui estiment qu'ils n'ont pas de problème. Comme je l'expliquerai un peu plus loin, on peut utiliser leur attitude (qui peut aussi bien être considérée comme « du déni » ou « de la résistance ») en fixant comme objectif de « prouver aux enseignants que vous n'avez pas le moindre problème ».

Focalisation sur l'avenir

L'aptitude à imaginer ce que sera la situation une fois résolue (quand tout ce passera comme si le problème était résolu) est une ressource très puissante pour les gens. On peut poser toutes sortes de questions « centrées sur l'avenir » pour amener les gens à décrire, en détail, la solution future et les aider ensuite à y parvenir. Le seul fait d'être capable de décrire la solution semble la rendre plus accessible.

> Nous vivons tous dans notre passé, notre présent et notre avenir... [et] notre perception de tout cela est extrêmement sélec-

tive. L'avenir existe dans nos attentes de ce qu'il sera. Traditionnellement, les thérapies se sont intéressées au passé et au présent, avec l'objectif de produire des changements grâce à un processus de réexamen. Ce qui est nouveau et excitant en la matière, c'est que l'avenir paraît également ouvert à un réexamen, même s'il ne s'est pas encore produit. (Cade et O'Hanlon, 1993, p. 109.)

Un point de vue positif sur l'avenir suscite l'espoir, et l'espoir à son tour aide à faire face aux épreuves actuelles, à reconnaître les signes indiquant qu'un changement est possible, à considérer le passé comme une épreuve franchie et non pas comme un supplice, et à apporter l'inspiration pour trouver des solutions. (Furman et Ahola, 1992, p.91.)

Par exemple, un garçon du CE2 était tout le temps dans les nuages, faisait des sottises en classe et était extrêmement vexé lorsque ça se passait mal. L'étude du problème (son historique, ses conséquences, etc....) avait semblé décourager tout le monde, laissant de moins en moins d'espoir de changement.

Dans ce contexte, tout ce qu'on proposait à ce garçon, à sa mère ou à son instituteur était accueilli par « ça m'étonnerait que ça marche », ou bien par une acceptation résignée pour essayer quelque chose qui finalement échouait. Après avoir longuement discuté le fait qu'il se sentait « stupide » et « petit » quand ça n'allait pas, je demandai au garçon d'évaluer, sur une échelle de 0 à 10, combien il se sentait « grand » à l'école. Il s'empressa de dire qu'il se donnait « 4 ». Je lui demandai alors d'imaginer que, d'ici quelques semaines, il reviendrait me voir et répondrait à la même question en se donnant un « 9 », et je lui proposai de décrire ce qu'il ferait différemment lorsqu'il serait à 9, ce que son professeur remarquerait, comment il réagirait aux frustrations, etc. Après quelques hésitations, il commença à élaborer avec une excitation croissante à quoi ressemblerait le niveau « 9 », et à développer une image précise du (futur) résultat. Il fut alors possible de lui suggérer de « mettre en pratique » certaines des attitudes particulières qu'il avait décrites, attitudes qui faisaient partie du niveau « 9 » sur l'échelle.

> Tandis qu'une approche centrée sur le problème ramène au passé, une approche centrée sur la solution est par essence orientée vers l'avenir. Cette idée implique que viendra un jour où les effets du [problème] ne seront plus prédominants. Il peut s'avérer très profitable d'amener les clients à se focaliser d'une manière explicite sur l'avenir et à envisager comment ce qu'ils découvrent pourrait faire une différence. (Durrant et Kowalski, 1990, p. 98)

Je discuterai plus loin de l'utilisation de la « question miracle » et des « questions à échelle » qui apportent une description de ce que sera l'état-solution, et fournissent ainsi des objectifs concrets à notre travail.

CHAPITRE 3 —
L'évaluation

Il m'est arrivé de dire que je suis étonné de ce que les gens croient que les psychologues savent ; la seule chose qui m'étonne davantage, c'est ce que certains psychologues croient que les psychologues savent ! Cette affirmation n'est en rien spécieuse, mais elle reflète mon point de vue sur une présumée « connaissance spéciale », particulièrement dans cette activité qu'on appelle « évaluation ».

Comment « l'évaluation » peut-elle s'accorder à une approche qui utilise les idées exposées dans ce livre ? A première vue, il pourrait sembler qu'il y ait incompatibilité.

Il est évident qu'en évoquant certaines soi-disant incompatibilités entre la « thérapie » et « l'évaluation », je ne fais pas allusion à l'évaluation dans le domaine éducatif, laquelle cherche à identifier un point particulier en vue d'un soutien éventuel (bien que, même alors, il ne faut pas oublier que la technique d'évaluation a un effet sur les croyances que l'élève a sur lui-même, mais aussi que le contexte de toute intervention peut faire une différence).

Toutefois, quand il s'agit de l'évaluation qui précède le conseil ou la thérapie, il est important de réfléchir à la manière dont le processus d'évaluation s'accorde avec les hypothèses qui sous-tendent notre travail. Ouvertement ou non, on demande souvent aux conseillers psycho-pédagogiques d'évaluer un élève difficile *afin que* le corps enseignant sache comment le prendre en charge. En clair, cette exigence reflète une hypothèse particulière (et répandue) sur la thérapie, à savoir qu'un examen approfondi du problème, de son histoire, de ses conséquences, etc., permet d'aboutir à sa solution.

A l'inverse, O'Hanlon et Weiner-Davis considèrent que :

> En général, il n'est pas indispensable d'en savoir beaucoup sur le problème pour le résoudre.
>
> Habituellement, les thérapeutes orientés vers la solution trouvent inutile de rassembler une information complète sur

L'évaluation psychologique

• suppose que les qualités psychologiques ou émotionnelles sont des entités mesurables ;

• se réfère à des critères standards ou « de normalité » pour déterminer la santé ou le fonctionnement du sujet ;

• en mesurant les caractéristiques d'une personne, elle exclut toutes les autres personnes de l'analyse ;

• recherche des critères d'évaluation sur lesquels planifier les interventions : l'évaluation identifie « les déficits » ou les faiblesses, et l'intervention s'efforce de les modifier ou d'y remédier.

La thérapie interactive brève

• suppose que la signification d'un comportement et des émotions est relative ;

• considère que les données psychologiques et émotionnelles sont autant le résultat de l'interprétation ou de l'évaluation de l'observateur que les caractéristiques propres de la personne ;

• s'applique à tenir compte dans l'analyse des réactions d'autrui ;

• suggère que l'intervention peut ne pas être directement reliée au problème ;

• cherche à construire sur les points forts et les ressources plutôt qu'à corriger des déficiences.

> l'historique du problème présenté. On peut parfois se contenter d'un minimum d'informations pour commencer à résoudre le problème, et nous avons remarqué que les thérapeutes restent souvent bloqués parce qu'ils ont trop d'informations (et non trop peu), ou trop d'informations sur le problème et pas assez sur la solution. (1995, p 45)

L'évaluation et l'intervention ne sont pas des processus distincts : chaque fois que l'on rencontre quelqu'un, il y a interférence et la personne en est affectée. Pour Berg (1994), « l'évaluation » et « le traitement » sont inséparables. L'un des plus grands dangers de l'évaluation, ce n'est pas de la pratiquer ou non, mais plutôt de croire qu'elle est un tant soit peu séparée du processus de l'intervention. Ce qui revient à dire que notre évaluation implique une interaction avec l'élève et, qu'ainsi, elle a un certain impact sur les interactions ultérieures.

D'après Berg, l'évaluation mène souvent à une « liste interminable de tout ce qui ne va pas chez le client ». Selon elle, cette technique a un impact à la fois sur le client et sur l'intervenant. J'ai souvent pensé que l'une des raisons pour lesquelles j'évite de rassembler tout un tas de données d'évaluation, c'est que je ne veux pas risquer de déclarer le client incurable avant même d'avoir commencé. Mon problème avec les renseignements qu'on me communique et les résultats de l'évaluation, c'est qu'ils me donnent facilement l'impression d'être submergé.

Comme le suggère Berg :

> Dès lors que l'on commence à se sentir submergé par les problèmes, on a tendance à chercher des moyens de justifier notre échec, et nous étiquetons alors les clients comme « impossibles », « pas motivés », « sans capacité de compréhension », « résistants », « ne s'impliquant pas », « pas mûrs pour une thérapie », « oui, mais », et « qui minimisent ». (1994, p.17)

Bien sûr, si on commence à se sentir accablé par le caractère apparemment désespéré du cas, ou même par sa difficulté, nous risquons fort de communiquer cette impression à l'élève, ce qui augmentera alors son sentiment de désespoir (s'il pense qu'il y a un problème) ou développera sa « résistance » (s'il ne pense pas qu'il y ait un problème).

L'évaluation des compétences

L'évaluation du problème influence non seulement l'orientation de notre pratique mais aussi le point de vue de notre client. Le seul fait de lui poser des questions sur l'histoire du problème, sur les détails de sa survenue et sur ses terribles conséquences, renforce inévitablement la focalisation sur le problème. Si les gens sont bloqués par l'idée que leur situation est irréversible (comme c'est souvent le cas), alors plus on en parle et plus le problème prend de l'ampleur.

C'est pour cette raison que l'un des aspects de l'évaluation en thérapie brève repose sur l'évaluation des points forts, des compétences, ou des « exceptions ». Cela se fait souvent d'une façon indirecte. Quand les élèves, les parents ou les enseignants ont des idées bien arrêtées sur le problème et sa gravité, ils ne sont pas toujours enclins à réagir positivement à une focalisation sur les compétences et sur les exceptions.

Les parents et les enseignants, en particulier, s'attendent souvent à ce que nous procédions à une exploration exhaustive de tous les aspects de la situation et ne pas le faire est interprété comme une façon de minimiser la situation et discrédite leurs sentiments de frustration ou de désespoir. Au chapitre 4, j'explique à quel point il est important que notre approche « s'accorde » à l'expérience des gens avec qui nous travaillons ; ceci est tout aussi important dans la démarche de l'évaluation que dans l'intervention elle-même.

Quoi qu'il en soit, il est essentiel que nos clients aient le sentiment d'être pris au sérieux. Il est tout à fait possible de se focaliser sur les points forts sans pour autant avoir l'air d'écarter ce qui touche de près au problème.

Demande de renseignements auprès des enseignants

Que ce soit en tant qu'intervenant auprès de l'élève ou consultant auprès du professeur, le conseiller psychopédagogique débute son travail au moment où l'élève lui est adressé. Le professeur qui est à l'origine de la démarche fait partie intégrante du processus de conseil car ses attitudes vont avoir une influence sur l'évolution de la situation. Si on traite sa demande d'une façon qui prend au sérieux les inquiétudes de l'enseignant, il nous sera plus aisé de l'engager dans une voie qui facilite l'ensemble du processus.

Une de mes collègues, directrice d'une école spécialisée rattachée à une institution psychiatrique pour enfants, reçoit souvent un dossier détaillé de l'école qui adresse un enfant. Les enfants sont souvent admis dans cette section à la demande de leur école, tandis que d'autres ont eu des difficultés scolaires (qui peuvent ou non être en rapport avec le prétendu problème psychiatrique). Le projet scolaire constitue une partie essentielle du processus thérapeutique, parce qu'une école spécialisée est censée apporter plus d'attention à chaque individu et permettre ainsi de traiter en détail les difficultés scolaires. Les dossiers des enfants sont donc souvent transmis avec les résultats de leurs tests, des observations sur leur attitude en classe, etc., apparemment dans le but de démontrer l'étendue de leurs problèmes.

Ma collègue a pris une position différente ; elle demande à l'école qui envoie l'enfant de fournir des informations détaillées sur ses points forts en classe. Elle essaie de déterminer dans quel domaine l'enfant est BON, que ce soit dans des matières enseignées ou dans toute autre activité. En effet, pour elle, le meilleur moyen pour que ces enfants aient une meilleure opinion d'eux-mêmes, c'est de trouver des moyens de partir de ce qu'ils sont déjà capables de faire bien plutôt que d'essayer de combler leurs déficits. Il n'est pas étonnant alors que certains enfants progressent également dans d'autres domaines lorsque le travail en classe se focalise sur leurs points forts. Le rapport de sortie adressé à l'école où l'enfant retourne, insiste sur ses talents existants et en développement et comporte des suggestions sur les moyens de les amplifier.

Le système éducatif est habitué aux formulaires et aux protocoles. C'est comme si la standardisation donnait une certaine crédibilité au processus d'évaluation. Mais la plupart des formulaires sont destinés à explorer les problèmes et les faiblesses de l'enfant.

Linda Metcalf, d'Arlington au Texas, a expérimenté des formulaires de transmission à l'adresse des enseignants, formulaires qui orientent l'évaluation vers les aptitudes plutôt que vers les points faibles.

Demande de renseignements à l'enseignant

Nom de l'élève : .... Classe : .... Date : ....

Cher professeur,

Je vous remercie de m'avoir adressé le jeune........... Je vais fixer un rendez-vous avec l'élève, et avec ses parents si cela s'avère nécessaire. Je vous serais reconnaissant d'établir ci-dessous une liste des moments où vous avez remarqué que l'élève travaillait mieux en classe. Ces observations me seront d'une grande utilité quand j'essaierai de trouver des solutions au problème que vous avez mentionné ; j'espère pouvoir trouver des moyens pour aider cet élève à « construire » à partir de ces moments (peut-être rares) où il a montré qu'il pouvait faire un peu mieux.

Je vous remercie de me renvoyer ce formulaire le ....

Veuillez être précis. Par exemple : « Susie travaille le mieux lorsqu'elle est assise loin de ses amies et lorsqu'elle fait ses devoirs à la maison. »

1. ....
2. ....
3. ....
4. ....
5. ....
6. ....
7. ....
8. ....
9. ....
10. ....

Signature du professeur : ....

Ils ne sont pas compliqués et formalisent simplement le genre de renseignements qu'un conseiller psychopédagogique orienté vers la solution est amené à rechercher. Un exemple de ce type de formulaire est présenté page 35 ; ce formulaire peut varier en fonction des situations.

Ron Kral (1989a) a poussé encore plus loin l'idée de formulaire d'évaluation pour le recueil d'informations sur les compétences. « L'échelle d'identification de solution (S-Id[1]) » est une liste récapitulative des comportements sous une forme qui est familière à beaucoup, avec toutefois une grande différence. Tandis que la plupart des listes et des formulaires d'évaluation mesurent les problèmes ou les faiblesses, la S-Id apprécie les compétences ou les succès. L'échelle est une liste des comportements positifs, lesquels sont estimés selon la fréquence de leur survenue (voir page 38-39).

La S-Id se focalise ouvertement sur les points positifs sans pour autant ignorer les problèmes et les difficultés ; elle permet toujours à ceux qui le remplissent d'indiquer que certains comportements ne se manifestent « jamais ». Cependant, son orientation générale aide à axer le processus sur les points forts de l'élève. Si on demande aux gens de rechercher les défauts, ils en trouveront certainement, et leur point de vue de la situation en sera influencé. Si on demande aux gens de s'intéresser aux réussites, ils en trouveront sûrement, et leur point de vue de la situation en sera influencé. Ainsi, l'utilisation de la S-Id peut contribuer à placer le processus d'évaluation et d'intervention dans un contexte plus positif.

La S-Id *n'est pas* une technique standardisée ni normalisée ; elle ne se solde donc pas par un « score » qui ait la moindre signification en lui-même. D'après Kral, elle « fournit un instantané des solutions éventuelles, des actes positifs que l'élève fait ou pourrait faire plus souvent » (1989a, p. 9) ; elle peut donc permettre d'identifier des points forts jusque-là « masqués » par ce qui tourne autour du problème. L'échelle a été utilisée à la fois avec les enseignants et avec les parents, bien que certains items aient été supprimés dans le cas où le formulaire était destiné aux enseignants ; pour Kral, il est important que le conseiller psychopédagogique en discute ensuite avec la personne qui l'a rempli.

---

1 S-Id: Solution Identification Scale.

La discussion sur les résultats de la S-Id peut comporter :

• des commentaires sur tous les items auxquels il a été répondu : « Beaucoup » et « Enormément » ;

• une étude détaillée des comportements évalués comme « Beaucoup » et « Enormément » : Quand se manifestent-ils ? Qu'est-ce qui est alors différent ? Que font les parents/enseignants pour les provoquer ? Lesquels de ces comportements pourraient être considérés comme des étapes vers la construction d'une solution au problème posé ?

• une discussion des comportements dont la fréquence est « Un peu » ou « Pas du tout » : Lequel de ces comportements sera le premier à évoluer ? Quels seront les petits signes d'une évolution dans ces comportements ?

Kral considère la S-Id avant tout comme un outil clinique, c'est-à-dire destiné à mettre en évidence des informations particulières et à élaborer des interventions plutôt qu'à collecter des « données » sur l'enfant ou le problème.

Si notre travail avec des élèves est orienté vers le changement, l'élément le plus utile du processus d'évaluation se résume alors à l'entretien clinique. Puisque nous nus intéressons essentiellement à la manière dont les élèves se considèrent eux-mêmes et conçoivent la situation, notre interaction avec eux est le meilleur moyen de découvrir ces éléments et de les modifier.

Fiche d'information à compléter par l'élève

Nom de l'élève : .... Classe : .... Date : ....

Cher élève,

Vos professeurs et moi-même aimerions beaucoup vous aider dans votre scolarité. Pourriez-vous établir ci-dessous la liste des moments où vous pensez avoir mieux travaillé à l'école. C'est pour vous l'occasion de nous dire ce qui vous aide à bien travailler en classe.

Merci d'être précis. Par exemple : « Je travaille mieux en classe lorsque je pense que les professeurs m'apprécient, quand je comprends bien les devoirs, quand je vais voir mon père, etc. »

Echelle d'identification de solution (S-Id)

Nom : .... Date : .... Evalué par : ....

Merci de répondre à toutes les questions. Pour chaque item, indiquer le degré d'occurrence :

1 : pas du tout

2 : un peu

3 : beaucoup

4 : énormément

	1	2	3	4
1) Respecte les adultes				
2) Capable de se faire des amis et de les garder				
3) Maîtrise sa nervosité				
4) Accepte les idées d'autrui				
5) Prouve ses capacités d'apprentissage				
6) S'adapte à des situations nouvelles				
7) Dit la vérité				
8) A l'aise dans des situations nouvelles				
9) Se conduit bien pour son âge				
10) Fait preuve d'honnêteté				
11) Obéit aux adultes				
12) Maîtrise bien le stress				
13) Finit ce qu'il a commencé				
14) Prévenant envers les autres				
15) Fait preuve de maturité pour son âge				
16) Capable de se concentrer				
17) Réagit de façon appropriée				
18) Respecte les règles de base				

19) Règle les conflits avec calme				
20) S'entend bien avec ses frères et sœurs				
21) Supporte les déceptions				
22) Respecte les droits d'autrui				
23) Est foncièrement heureux				
24) A bon appétit				
25) Dort bien pour son âge				
26) Est bien intégré dans sa famille				
27) Se débrouille seul				
28) Est en bonne santé				
29) Peut attendre de l'attention/des récompenses				
30) Accepte bien les critiques				
31) Partage l'attention des adultes				
32) Est accepté par ses camarades				
33) Est un meneur				
34) Sait être bon joueur				
35) Sait s'amuser				
36) Accepte les reproches pour les erreurs qu'il a commises				
37) Coopère avec les adultes				
38) Accepte volontiers les compliments				
39) Est capable de « réfléchir » avant d'agir				
40) Commentaires :				

D'après Kral, 1989a — Reproduit avec sa permission

Linda Metcalf a utilisé un formulaire (voir page 37), semblable à la Demande de Renseignements à l'Enseignant présentée page 35, pour encourager les élèves à identifier leurs points forts et les exceptions. Le formulaire est le même que celui de l'enseignant, mis à part l'introduction.

Linda a utilisé ce formulaire avec beaucoup de succès dans le milieu scolaire ; toutefois, j'imagine aisément que certains élèves ont pu se sentir embarrassés de remplir un formulaire, ou trouver ça idiot. Bien sûr, lorsqu'on utilise un tel procédé, il doit être, soit complété conjointement par le conseiller et l'élève, soit rapidement commenté avec l'élève. En général, Linda donne aux parents une copie des formulaires complétés, celui de l'élève et celui de l'enseignant, et propose éventuellement que les parents et l'élève les revoient ensemble.

Pour avoir une démarche moins formelle on peut, dans le cadre de l'entretien, commencer simplement en demandant : « Que pensez-vous qu'il me serait utile de savoir sur votre cas ? » (Particulièrement pour les élèves qui ont fait une demande de conseil), ou : « À votre avis, que devrais-je savoir sur la raison qui a poussé vos professeurs à vous inciter à venir me voir ? » C'est-à-dire que nous commençons par rechercher ce qui, de l'avis de l'élève, est pertinent, au lieu d'explorer systématiquement certains domaines préétablis. Comme je l'ai déjà dit, il est très probable que l'élève ait un « projet » différent de celui de l'enseignant qui nous l'adresse, et c'est justement pour son projet que l'élève a le plus de chances d'être motivé. Par suite, il est important de ne pas commencer

> Une conseillère pédagogique craignait que les processus qui se manifestent lors du renvoi d'un élève confirment l'opinion selon laquelle l'élève est un problème et affectent ainsi ses chances de prendre un « nouveau départ » dans une autre école.
>
> Elle imagina une procédure pour obtenir des renseignements sur des élèves exclus définitivement. Elle expliquait aux professeurs qu'elle avait besoin d'informations aussi détaillées que possible sur tous les points forts et les succès de l'élève, afin de les transmettre à sa nouvelle école. Cela les aiderait à se faire une idée plus équilibrée, non seulement de l'élève mais également de l'école dont il vient.

par se servir des plaintes ou des soucis de l'enseignant pour accabler l'élève, mais plutôt de voir la phase « d'évaluation » comme une étape qui permet de saisir le point de vue de l'élève.

L'évaluation en vue de l'intervention

Dans le cadre des thérapies brèves, le rôle de l'évaluation est de fournir suffisamment d'informations pour permettre une intervention. C'est-à-dire que ce qui nous intéresse c'est ce qu'il faut faire à propos du problème, comment obtenir un changement, et non pourquoi le problème se produit.

Un conseiller psychopédagogique centré sur la solution peut passer très peu de temps à explorer le problème, préférant « évaluer » les réussites et les « exceptions ». Celui qui s'appuie sur les idées du M.R.I. par exemple pourra sembler plus focalisé sur le problème ; de toute façon, l'objectif de l'évaluation reste avant tout pragmatique.

En s'inspirant des idées de Fisch et al. (1982), Murphy (1992, p. 63) propose d'axer l'évaluation de départ sur cinq aspects de la situation :

i. La nature particulière du problème.

ii. Les tentatives de solution actuelles et antérieures.

iii. Les objectifs minimaux du client.

iv. La « position » du client (ses croyances quant au problème et son appréciation de la situation).

v. Les principaux demandeurs (qui est le plus intéressé à résoudre le problème ?)

En passant en revue les diverses approches de la thérapie brève, Cade et O'Hanlon (1993) conseillent cette série de questions en vue de l'évaluation :

i. Quand se produit le problème ?

ii. Où se produit le problème ?

iii. Quelle représentation peut-on donner du problème ? (C'est-à-dire, à quoi ressemble-t-il ?)

Entretien rapide pour jeunes enfants

Ron Kral, psychologue scolaire à Milwaukee et enseignant au Centre de Thérapie Familiale Brève, s'est beaucoup penché sur la relation entre « sa focalisation sur la solution » dans sa pratique en tant que thérapeute et les contraintes de l'évaluation en tant que psychologue scolaire.

« L'Entretien rapide pour Jeunes Enfants », ou Q.I.K.(Quick Interview for Kids, Kral, 1989b), est un protocole d'évaluation, modifié dans l'esprit de l'approche thérapeutique centrée vers la solution. C'est-à-dire qu'il n'est pas destiné à recueillir des informations de nature diagnostique ou explicative, mais destiné à être utilisé par le conseiller psychopédagogique comme le ferait un thérapeute pour orienter son traitement.

C'est ainsi que le Q.I.K. cherche à savoir comment se voit l'élève et à quoi ressemblerait la solution pour l'élève, plutôt qu'à recueillir des informations pour le situer sur une quelconque échelle.

<u>Question 1</u> : Pense à la meilleure personne que tu pourrais être (un autre élève, un de tes frères ou sœurs, un ami, un éducateur, etc.), un toi idéal. Assure-toi que c'est réaliste et donne 100 points à cette personne. Maintenant, dis-moi combien de points tu te donnerais pour ces derniers jours.

<u>Question 2</u> : Sur une échelle de 1 à 10, évalue maintenant ton degré de satisfaction quant à ton évaluation sur l'échelle précédente de 1 à 100.

<u>Question 3</u> : Quand tu passeras de 60 à 70 points (ou de 85 à 90, etc.), quels sont les signes qui te permettront de dire que les choses ont changé ? ... As-tu déjà eu 70 points (ou 90, ou...) auparavant, et si oui, qu'est-ce qui se passait alors ? ... Quel est le maximum que tu aies atteint sur cette échelle ? Quand ? Qu'est ce qui se passait alors ?

<u>Question 4</u> : Quelles sont les chances pour que tu puisses.. (réaliser l'exception)... à nouveau (ou maintenant) ?

(Les questions et leurs explications de la page suivante, ont été reproduites avec la permission de Kral, 1989b)

Kral explique les quatre questions de la façon suivante :

Question 1 . Cette question fournit une estimation de « l'idée de soi-même » dans la capacité intuitive qu'a un client de se « comparer » à un modèle quelconque. Il s'agit d'une auto-référence car le thérapeute n'a pas la moindre idée de ce que les nombres représentent à ce moment-là. Toutefois, un sondage informel auprès d'adultes révèle que les gens les plus « normaux » se placent quelque part entre 70 et 85.

Question 2 : Cette question concerne essentiellement « l'estime de soi ». Bien qu'on ait une certaine façon de s'évaluer soi-même, l'opinion ou la valeur qu'on accorde à cette évaluation peut varier. Il y a de fortes chances pour que les enfants qui sont très satisfaits ne soient pas de bons « clients » (De Shazer, 1988) car ils se satisfont du statu quo. Néanmoins, il s'agit seulement d'une supposition ou d'une hypothèse de travail qui demande à être vérifiée. Cette question donne une idée de l'investissement au départ.

Question 3 : De Shazer (1988) développe « la question miracle » dont on se sert pour préciser des solutions potentielles sans se focaliser sur le problème. Ces questions relèvent du même principe tout en offrant l'occasion de définir les exceptions potentielles (les moments de réussite déjà vécus ou les circonstances que l'enfant définit comme des réussites). En outre, on peut commencer par aider l'enfant à formuler des objectifs intermédiaires (que se passerait-il à 5 ou à 10 points, et non pas quand le problème est entièrement résolu). Il est fondamental d'exploiter les renseignements obtenus par le biais de ces questions pour préciser clairement et d'un point de vue comportemental ce que l'enfant fera, pensera, et ressentira différemment. Les exceptions qui nécessitent des interventions externes ou divines ne sont pas acceptables, car on demandera au client d'agir délibérément sur les éléments de l'exception qu'il maîtrise.

Question 4 : Ici, on sous-entend l'importance de l'exception et qu'elle va se produire. De même, par évaluation sur une échelle de 1 à 10 ou par une estimation (« pas mal », « excellent » ou « peu de chance ! »), on obtient une autre estimation de l'engagement du sujet et on prépare la voie pour prescrire l'exception en tant que tâche.

Kral recommande de ne pas se laisser enfermer dans des notions de « normes » et d'élaborer les questions en fonction de chaque sujet. Sa priorité est donc de comprendre comment cet élève se considère plutôt que de l'évaluer par le biais d'une échelle « objective ».

iv. Avec qui apparaît-il ?

v. Quelles sont les exceptions au problème ?

vi. Qu'est-ce que le(s) client(s) fait (font) différemment ou ne fait (font) plus à cause du problème ?

vii. Que manifeste le client au cours de la séance qui soit en rapport avec le problème ?

viii. Comment le client explique-t-il et formule-t-il le problème ?

ix. Quelles sont les solutions déjà essayées par le client ou des tiers concernant le « problème » ?

x. Comment saurons-nous que nous avons atteint notre but ?

Ces deux listes cherchent à obtenir des informations qui aident à élaborer des interventions.

En voici les aspects les plus importants :

1. Une description précise et comportementale du problème

La thérapie brève ne nie pas l'importance des émotions. En fait, si nous nous intéressons à l'expérience des gens avec qui nous travaillons, il nous est impossible de faire abstraction de leurs émotions. Ce qui caractérise la thérapie brève, c'est son point de vue sur la place des émotions en thérapie, à savoir que manifester des émotions n'entraîne pas nécessairement de changement. En outre, comme le soulignent Cade et O'Hanlon, les descriptions des émotions ne sont, en général, que des attributions fondées sur l'expérience du comportement. Aussi avons-nous tendance à nous focaliser sur ce qu'on peut observer.

> Sans nier l'importance des sentiments et des pensées, la thérapie familiale du M.R.I. considère le comportement comme essentiel. Ce n'est qu'à travers les comportements que se manifestent les expériences et les évènements affectifs et cognitifs. (Bodin, 1981, p. 292)

Le conseil psychopédagogique est une activité relativement compliquée, mais quand toutes les personnes concernées savent qu'elles parlent de la même chose, elle se trouve facilitée !

Quand on expose le problème en disant : « Elle a peu d'estime pour elle-même », on ne peut pas certifier que tout le monde a la même définition du « peu d'estime ». Par contre, si on dit : « Elle se met à pleurer lorsqu'elle fait une faute dans son devoir », notre observation est moins ambiguë. Il est possible de modifier son comportement, même si on n'aborde jamais « l'estime » explicitement. De même, il n'est pas aussi utile de dire : « Il est toujours en colère », que : « Lorsqu'on le réprimande en classe, il ferme son livre et refuse de travailler ».

O'Hanlon et Wilk (1987) utilisent l'idée de la « description-vidéo », qui favorise des descriptions précises de ce qui se passe (ou va se passer). Pour eux nous devons obtenir le genre d'information que l'on tirerait en regardant un enregistrement vidéo de la situation ou du comportement problématique. Pour paraphraser le Guide du Parfait Détective : « Je veux juste les faits... », les interprétations de chacun sur les motivations ou les émotions ne font que semer la confusion.

2. Une description des interactions qui entourent le problème

L'approche du M.R.I. vise à aider les gens « à faire quelque chose de différent ». Pour cela, nous devons savoir ce qu'ils font.

Je pense que les parents et les élèves et/ou les enseignants et les élèves ont tendance à s'enliser dans des séquences de comportements répétitifs autour d'un problème, séquences qui participent souvent involontairement à l'entretien du problème. L'intervention peut, soit suggérer que quelqu'un fasse quelque chose de différent du schéma habituel, soit recadrer le problème de manière à permettre l'émergence de quelque chose d'inhabituel dans la séquence du problème, soit encore mettre l'accent sur quelque chose qui se passe déjà sans faire partie du schéma habituel. Pour ce faire, il peut être utile de connaître la séquence habituelle. Cela complète les suggestions précédentes à propos des descriptions précises et comportementales, car toute information sur les séquences de comportement est plus précise que de vagues « définitions » du problème.

Par exemple, la définition d'un problème tel que « le refus d'aller à l'école » ou encore « la phobie de l'école », n'est pas seulement générale et floue, mais elle n'apporte aucune information sur les interactions en jeu. S'interroger sur ce qui se passe, qui fait quoi et quand par rapport au refus d'aller à l'école, peut révéler de précieux indices sur de petits faits que l'on pourrait changer. Conseiller à des parents : « Vous devez vous montrer plus sévères » peut s'avérer sans effet ; à la lumière de leur déception et de leur désespoir, cela peut même paraître impossible. Toutefois, une exploration approfondie des séquences de comportement pourrait montrer que l'enfant se lève, elle regarde la télé, ses parents l'appellent pour le petit-déjeuner, elle prend son petit-déjeuner, ils lui demandent : « Tu as envie d'aller à l'école aujourd'hui ? », l'attitude de l'enfant change, ses parents l'encouragent, l'enfant refuse de s'habiller, ses parents l'implorent, l'enfant se plaint d'être malade, etc. Ce type de description procure des informations utiles sur l'endroit où faire porter notre intervention. Conseiller par exemple aux parents d'appliquer strictement la consigne « pas de télé ni de petit-déjeuner tant que tu n'es pas en tenue pour l'école » est une bonne directive qui peut se révéler suffisante pour interrompre le schéma de comportement qui s'est instauré. Il peut suffire d'un petit rien comme suggérer par exemple aux parents de ne pas demander « Tu as envie d'aller à l'école aujourd'hui ? » pour provoquer un changement significatif.

3. Une description des solutions tentées

Nous restons dans la droite ligne du paragraphe précédent, car dans l'ensemble, tout ce que les gens font pour essayer de résoudre le problème se reflète dans des interactions qui se produisent. Par conséquent, il peut être important de recueillir des informations non seulement sur ce qui se passe autour du problème, mais également sur ce que les gens font pour essayer de le traiter ou de le résoudre.

Par exemple, des reproches incessants des parents peuvent s'avérer inefficaces ; et pourtant, ils constituent une véritable tentative pour résoudre la situation.

On a souvent recours à la discipline pour résoudre un problème de comportement inadmissible. Parfois, dans une situation devenue insoluble, le fait de punir régulièrement l'élève par des colles peut vraiment contribuer à perpétuer le problème. Une analyse de cette tentative de solution peut permettre au conseiller à la fois de valider l'intention positive de l'enseignant donnant de plus en plus de punitions et de suggérer une réaction différente – une réaction qui peut « ne pas faire sens » sur le moment mais qui peut mener à une réponse différente.

Craig (1987) a décrit le cas d'un garçon du CM2, avec des antécédents de problèmes comportementaux, qui refusait d'aller à l'école, et pour lequel l'étude des solutions tentées a révélé que le système scolaire était, sans le vouloir, devenu un élément du problème.

> Une des solutions expérimentées par l'école était d'impliquer un Agent de Liaison Maison/Ecole (HSLO[1]) pour garantir une présence satisfaisante à l'école... Quand celui-ci pouvait « attraper » William, il l'amenait à l'école. William n'étant pas rendu responsable de sa présence en classe, cette tentative de solution ne faisait qu'aggraver ses mauvaises habitudes. (Craig, 1987, p.9)

Pour apporter un changement significatif, il a suffi d'une petite modification du schéma du problème : on a redéfinit le rôle du HSLO d'abord comme « aider les parents quand ils en faisaient la demande » (plutôt que « d'usurper le rôle des parents »), et plus tard comme « être le coatch de l'élève » (plutôt que « prendre le contrôle »).

Bien entendu, cela ne signifie pas que l'intervention d'un tiers, tel un HSLO emmenant l'élève de force à l'école soit toujours inefficace. Mais elle peut le devenir dans certaines situations, notamment si on persiste alors qu'il n'y a aucun résultat. Dans ce cas particulier, la solution tentée était devenue un des rouages d'un mécanisme bloqué.

4. Une description de la « position » du client

Bien que nous ne recherchions pas les « causes » des problèmes (car même si nous pouvions les découvrir, il n'est pas sûr que nous puissions y faire quoi que ce soit, en tout cas pas dans l'immédiat vu les contraintes scolaires), on peut s'intéresser à ce que l'élève, ou les parents, ou l'enseignant considèrent comme étant la cause de la situation, car cela va influencer leur position à notre égard et leur « motivation » apparente. La conception qu'ont les gens avec qui nous travaillons du problème et de sa signification va déterminer leur attitude envers nous. (Par exemple, si des parents pensent que leur enfant souffre d'un « trouble déficitaire de l'attention », ils sont d'emblée moins enclins à coopérer avec un

1 HSLO : « Home/School Liaison Officer ».

conseiller psychopédagogique, non médecin : il nous faudra donc présenter la situation d'une façon qui favorise leur coopération.)

Dans le domaine des thérapies brèves, plusieurs auteurs ont décrit la notion d'« acheteur ». Cette idée a été introduite par le Projet de Thérapie Brève du MRI (Fisch et al., 1982) et a été adaptée par De Shazer et ses collègues (De Shazer, 1988). Plutôt que de penser en terme de « motivation » ou de « résistance », cette idée cherche à décrire les différentes positions que les clients prennent par rapport à un problème particulier. (Voir page ci-contre pour un exposé de ces descriptions.)

On a plus de chance d'obtenir coopération et efficacité quand l'intervention est centrée sur une chose pour laquelle le client est un « acheteur ».

On peut souvent considérer que les élèves adressés aux conseillers psychopédagogiques sont des « visiteurs » : ils n'ont aucune tendance à solliciter l'aide de leurs professeurs ou des conseillers pour changer, et ils sont rarement d'accord avec le point de vue des autres sur leur problème. Par conséquent, leur manque évident de motivation est parfaitement compréhensible. Pourtant, « la position acheteur » (ou la « position visiteur ») n'est en rien une caractéristique de l'individu mais bien une certaine façon de décrire l'interaction conseiller-client. De Shazer qualifie ces termes de « mots codés » et il explique que « le mot codé " acheteur "... décrit la relation thérapeute-client *comme le résultat de l'entretien*, c'est-à-dire construit sur la détermination du client à faire quelque chose pour construire une solution. » (De Shazer, 1988, p. 42 ; c'est moi qui souligne.) A l'issue d'un entretien, le conseiller et l'élève auront peut-être construit une autre définition de la situation – un programme différent – dont l'élève sera peut-être « acheteur ».

L'évaluation de la « position » nous permet de décider au mieux de l'orientation à donner à notre intervention. Par exemple, si des parents ne se sentent pas réellement concernés par la situation, nous aurons plus de chances d'être efficaces si nous centrons nos efforts sur l'élève et peut-être sur l'enseignant, plutôt que de perdre du temps et de l'énergie à essayer de les « motiver ».

Quand un conseiller se trouve dans une impasse avec un élève donné, une étude plus approfondie montre souvent que le conseiller se donne plus de mal (est plus investi dans le résultat) que l'élève lui-même. La démarche est non seulement épuisante mais de plus complètement inef-

Visiteurs, demandeurs et acheteurs

Le visiteur (également défini par Fisch et al., 1982 comme un « lécheur de vitrine ») ne s'implique pas, et se retrouve souvent en thérapie à la suite d'une forme quelconque de contrainte, implicite ou explicite, et pour répondre aux inquiétudes d'autres personnes. Même s'il est peut-être clair pour ces autres ou pour nous qu'il présente bien un problème, il n'est pas dans son programme, au moins dans un premier temps, de parler du problème ou de recevoir de l'aide. Par conséquent, toute tentative d'intervention risque d'être vaine ou d'aboutir à ce qu'on appellera par la suite de la « résistance ». Dans de telles situations, Steve De Shazer conseille d'écouter avec beaucoup de respect, de faire des compliments quand c'est possible, mais de ne pas prescrire de tâches (De Shazer, 1988).

Le **demandeur** a une plainte particulière (ou une liste de plaintes), précise ou vague, soit à propos de lui-même soit de quelqu'un d'autre, et dont il est généralement prêt à parler, quelquefois longuement. Cependant, que le demandeur se sente relativement impuissant ou au contraire capable d'influencer le problème par ses propres actions, il n'est pas encore certain qu'il sollicite directement l'aide du thérapeute. (Il peut aussi être dans la position selon laquelle c'est aux autres de changer, pas à lui, auquel cas on devrait probablement le traiter dans un premier temps comme un visiteur, avec empathie mais sans lui prescrire de tâche.)

L'acheteur est quelqu'un qui vient avec une plainte sur lui-même ou sur autrui, plainte dont on peut obtenir une description relativement précise et à propos de laquelle il désire très clairement faire quelque chose, ce pour quoi il sollicite l'aide du thérapeute.

Il est important de ne pas considérer ces définitions comme la description de caractéristiques fixes de la réalité du client, mais uniquement comme des lignes conductrices pour réfléchir à la relation thérapeutique. Elles décrivent les positions adoptées par le client par rapport aux positions (ou présumées positions) prises par le thérapeute et par les autres membres de la famille ou par les autres professionnels impliqués. Il est également fréquent que les membres d'une famille adoptent des positions différentes les uns vis-à-vis des autres, et aussi qu'ils changent de positions au cours d'une séance ou d'une séance à une autre.

Cet exposé des descriptions « Visiteur, demandeur, et acheteur » est tiré d'un document de Brian Cade et est reproduit avec sa permission.

ficace (ou nécessite que le conseiller joue un rôle de « contrôleur social » plutôt qu'un rôle thérapeutique). Un moyen efficace pour éviter de se retrouver bloqué est de se demander sans cesse : « Qui est l'acheteur et de quoi ? » Quand c'est le conseiller, plutôt que l'élève, qui est l'acheteur du changement (peut-être parce que le système scolaire l'exige), alors il est temps de faire quelque chose de différent : renégocier le problème pour que l'élève soit plus volontiers « acheteur » ou centrer l'intervention ailleurs.

5. Une description des exceptions et objectifs minimaux

Comme on l'a dit plus haut, l'un des objectifs de l'évaluation est d'étudier les points forts et les compétences plutôt que les problèmes et les déficiences.

Ainsi, notre évaluation consiste, en grande partie, à recueillir des informations sur les moments où le problème ne se présente pas, ainsi que sur l'enchaînement des faits quand il survient. Dans le contexte de l'évaluation, le recueil des informations sur les exceptions ne suscite pas notre réflexion *après* l'évaluation du problème, mais fait partie intégrante de la conversation initiale. Comme je l'ai déjà dit, poser des questions sur les exceptions ou sur les points forts dès le début peut influencer le déroulement de la séance ou de l'intervention.

Dans ma pratique, je m'efforce, dès mon premier contact avec les clients, d'être attentif aux exceptions éventuelles. Dans l'exemple évoqué au chapitre 9, la thérapeute (Kate Kowalski) reçoit une mère de famille qui lui fait une présentation véhémente du problème. Dans le fil de son discours elle dit : « Un jour, elle va bien travailler en classe... et ensuite il y a des jours ou elle ne fera rien du tout. » Kate enchaîne immédiatement en l'interrogeant sur ces jours où « elle va bien travailler en classe ». En fait, elle était, dès le début de l'entretien, à l'affût de la moindre indication à propos d'une exception.

Si elle s'était seulement contentée « d'évaluer » le problème, elle serait passée à côté de cette exception. Celle-ci est pourtant devenue le pivot qui a orienté la suite de l'entretien autour d'exemples de compétence déjà existants. A partir du moment où l'entretien s'est orienté sur l'exploration des succès de l'élève, tout détail précis concernant le problème a perdu son importance.

Plutôt que de demander : « Y a-t-il déjà eu des moments où ça ne s'est pas passé ? », il est préférable de poser la question : « Quelle a été la dernière fois où ça ne s'est pas passé ? » Cette seconde question implique qu'il existe des exceptions et le client est alors plus enclin à se les rappeler.

Kral (1988) expose sa « technique des 5 **D** » pour concevoir l'évaluation et l'intervention :

1. **D**évelopper une image d'une solution réaliste ;
2. **D**écouvrir comment et de quelles façons la solution est déjà à l'œuvre ;
3. **D**éterminer des petites étapes mesurables (objectifs) sur le chemin de la solution ;
4. **D**écrire les pensées, les sentiments et les actions qui peuvent être utiles pour atteindre ces objectifs ;
5. **D**éfinir une action qui fasse une différence.

Cette façon de faire relie la formulation des objectifs et l'identification des exceptions. Dans un premier temps, on introduit les objectifs en discutant de : « A quoi ressemblera la solution ? » On s'en fera une image plus réaliste grâce à des questions portant sur les moments où la solution est déjà à l'œuvre (même de façon infime), c'est-à-dire les exceptions. En se fondant sur ce qui s'est déjà produit il est alors possible de décrire de petites avancées raisonnables et visibles, qui mèneront vers les objectifs. Etant donné que ces avancées sont modestes, les élèves sont généralement en mesure de décrire ce qu'ils *font/pensent/ressentent* lorsqu'elles se produisent. L'intervention en découle naturellement, et elle peut ne demander guère plus que de faire quelque chose de différent (comme mettre en pratique l'une de ces petites avancées ou cesser de faire quelque chose qui ne donne aucun résultat).

Si l'évaluation a une quelconque utilité pratique, c'est d'aider à définir des objectifs pour l'intervention. Pour la thérapie brève, l'évaluation fait partie intégrante de l'intervention et ne vise pas à « mesurer » pour le plaisir de mesurer : le but de l'évaluation est de découvrir où diriger la thérapie. C'est bien là l'idée de Cade et O'Hanlon quand ils introduisent dans leur technique d'évaluation la question : « Comment saurons-nous que nous avons atteint notre but ? »

6. Quantifier les problèmes et les solutions

Dans le Q.I.K., dont nous avons déjà parlé, les élèves « quantifient » eux-mêmes leur situation : ils s'évaluent sur une échelle de 1 à 10. Et Berg et de Miller (1992) commentent :

> Les nombres ont un côté magique. Quand on demande au client de porter sur une échelle numérique ses problèmes, ses priorités, ses succès, son investissement émotionnel dans ses relations et son degré d'amour propre, le thérapeute a une meilleure appréciation des éléments qu'il doit connaître... Les questions à échelle sont conçues pour informer le thérapeute et servent à motiver, et à encourager et favoriser le processus de changement. (pp. 82-83)

Les questions à échelle prennent la forme suivante :

> *Sur une échelle de 1 à 10, où 10 représente ce que vous voulez que les choses soient, et où 0 représente les choses* quand *elles étaient au pire, où vous situeriez-vous maintenant ?*

Mon expérience révèle que les clients, que ce soient des enfants ou des adultes, sont presque toujours capables de donner une réponse significative à cette question.

Il est évident que la question en elle-même n'a pas une très grande valeur, tout dépend de la façon dont elle est utilisée et surtout dont l'échelle est présentée. Comme pour toute autre question/intervention, il est indispensable que l'échelle soit décrite d'une manière ADAPTÉE.

- Sur une échelle de 0 à 10, où 0 signifie : « Je n'arriverai jamais à éviter les ennuis en classe » et où 10 signifie : « Je sais que je peux éviter les ennuis », où te situes-tu aujourd'hui ?

- Sur une échelle de 0 à 10, où 0 serait être vraiment petit pour ton âge et où 10 serait être vraiment grand pour ton âge, où penses-tu te situer ?

- Sur une échelle de 0 à 10, où 10 signifie : « Je ferais n'importe quoi pour résoudre cette situation » et où 0 signifie : « Non, je ne pense pas que je vais me laisser embêter », où te situes-tu maintenant ?
- Sur une échelle de 0 à 10, où 0 signifie : « Je n'ai pas l'impression de pouvoir faire le moindre de mes devoirs » et où 10 signifie : « J'ai l'impression de bien maîtriser mon travail », où te situes-tu ?

Les réponses aux questions à échelle n'ont de valeur que pour un individu : elles ne se réfèrent à aucun critère externe. Il n'est pas rare que les parents et l'enfant, ou l'élève et le professeur, donnent des évaluations très différentes, ce qui est tout à fait acceptable car cela laisse la possibilité d'étudier en détail ce qui sera différent quand les deux évaluations concorderont.

De plus, les questions à échelle ne sont pas statiques. D'après Kowalski et Kral (1989, p.61) :

> ... l'évaluation repose sur l'hypothèse d'un changement dans la direction désirée. Puisque une évaluation est une progression, le nombre "7" admet l'éventualité du "10", tout autant que le "5", le "3" ou le "1". Elle suppose également un mouvement (ou un changement) dans une direction ou une autre, plutôt qu'une stagnation. En vertu de ces données, l'espoir d'un changement est intrinsèque à la technique des questions à échelle.

Les questions à échelle sont utiles en elles-mêmes dès lors qu'elles permettent aux clients de « visualiser ou d'imaginer, d'une façon très naturelle [leurs] expériences puisque les nombres de l'échelle en sont les représentations » (Kowalski et Kral, 1989, p.60). Mais ces questions peuvent ensuite servir de « tremplin » pour poser des questions sur les exceptions.

> *Bon, vous dites que vous êtes aujourd'hui à "5" sur l'échelle du « sentiment de maîtrise de soi ». Quel est le plus haut degré que vous ayez atteint ? Quand cela s'est-il passé ? Que faisiez-vous à ce moment-là ? En quoi cela a-t-il changé les choses ?*

Il nous est plus facile d'obtenir des informations sur les exceptions antérieures en posant des questions sur le plus haut degré atteint par l'élève (la question suppose qu'il l'a atteint une fois). Si ces exceptions se sont produites un jour, elles peuvent peut-être se reproduire. En explorant CE QUE l'élève faisait de particulier à ce moment-là et COMMENT cela a modifié la situation, on peut commencer à construire une image de l'élève se comportant différemment, et la possibilité que cela se reproduise (ne serait-ce qu'en partie) devient une éventualité plus concrète.

Les questions à échelle peuvent aussi fournir un moyen de s'orienter vers l'avenir.

> *Oui, il semble en effet que tu sois à "3" sur l'échelle de « bien travailler ». Imagine seulement que tu reviennes me voir d'ici quinze jours et que tu me dises que tu es parvenu à "5" sur cette échelle. Que se passera-t-il de différent à ce moment-là ? Qu'auras-tu fait pour passer de "3" à "5" ?*

Cela ressemble à la « question miracle » qui dresse un tableau détaillé de la situation résolue. L'avantage de cette forme de focalisation sur l'avenir, c'est qu'elle propose pour l'avenir une série de petites avancées vers la réussite. Il est plus facile pour certains d'envisager de passer de "3" à "5" ou "6" que d'atteindre directement "10".

J'explique quelquefois à mes clients que changer c'est comme escalader une montagne. Si on est sur la face sud de l'Everest, il faut éviter de ne regarder que le sommet. Si, pendant l'escalade, vous gardez l'œil fixé sur le sommet vous risquez de tomber ! D'après ce que je sais de l'escalade (j'ai vu des reportages à la télé), les alpinistes se concentrent sur le prochain pas, le prochain endroit où poser le pied, où fixer la corde.

De la même façon, les questions à échelle peuvent aider à construire de petites étapes (« les objectifs minimaux » cités plus haut) qui sont significatives et, peut-être, réalisables. Il est essentiel que les objectifs minimaux (ce qui *s'est passé*, ou ce qui *se passera*) soient décrits de façon détaillée et concrète.

Pour les enfants, on peut, de différentes manières, rendre l'échelle plus concrète : tracer une ligne sur un tableau, la définir autrement ou de façon imagée. Cade et O'Hanlon (1993, p.108) donnent des exemples d'échelles présentées différemment.

> Disons qu'un cube, c'est quand tu fais du bruit en classe et que tu te comportes comme un enfant de cinq ans. Cette grande pile de cubes, c'est quand tu as été capable de te comporter comme un enfant de dix ans. Combien mérites-tu de cubes pour ton comportement ces derniers jours ?

> Si ce petit cercle sur le tableau me montre combien tu es timide d'habitude, et si ce grand cercle me montre combien tu vas devenir courageux, trace un cercle pour me montrer le plus grand courage dont tu as fait preuve cette semaine.

Les questions à échelle peuvent aussi s'avérer très utiles pour mesurer l'impression de changement du client entre les séances, soit en faisant référence à la réponse à une précédente question à échelle, soit en présentant l'échelle comme « où vous en étiez la dernière fois » et « où vous vous situez aujourd'hui ». Lorsqu'on leur demande de situer leurs positions relatives sur l'échelle, les clients qui semblent découragés de l'absence de progrès, « découvrent » souvent qu'ils font beaucoup mieux qu'ils ne l'imaginaient.

> Dans le cas d'une élève de sixième qui avait ce que certains auraient appelé un problème « obsessionnel et compulsif », j'ai redéfini la situation en disant que « les peurs te donnent des ordres » et j'ai consacré deux séances aux exceptions. Au cours de la troisième séance, il était évident que les choses allaient beaucoup mieux ; pourtant, Sarah ne semblait pas satisfaite. Elle reconnaissait qu'elle avait remporté quelques « victoires » sur les peurs, mais cela ne semblait pas amener chez elle un point de vue plus optimiste en général. Plutôt que de continuer à porter mon attention uniquement sur des épisodes particuliers de succès, je lui ai demandé « d'évaluer » l'importance des peurs, auparavant et maintenant.

Michael: Tu penses donc que les peurs sont en train de se fâcher ? Tu crois qu'elles ont découvert que tu deviens plus grande qu'elles, et qu'elles deviennent plus petites que toi ?

Sarah: Oui.

Michael: La première fois que tu es venue me voir, à ton avis, elles étaient grandes comment, et toi, tu étais grande comment ?

Sarah: Je n'y pensais pas comme ça.

Michael: Non, mais en y pensant maintenant, d'après toi, elles étaient grandes comment, et toi ?

Sarah: J'étais plutôt petite comparée à elles... elles étaient aussi grandes qu'un géant.

Michael: Etaient-elles grandes comme ça *(en indiquant la hauteur de son épaule)*, ou comme ça *(en se levant)* ou grandes comme ça *(il se met debout sur la chaise)* ?

Sarah: Elles étaient... euh, comme un géant.

Michael: Ah ! Dans ce cas, elles étaient bien plus grandes que ça. *(Il montre le plafond.)*

Sarah: Oui.

Michael: Et toi, tu étais grande comment ? Comparée à elles...

Sarah: Je faisais ma taille.

Michael: Alors, si elles étaient de cette taille, toi, quelle taille faisais-tu par rapport à elles ?

Sarah: Aussi grande que je suis là, assise.

Michael: Donc tu devais être à peu près comme ça *(il montre son épaule à elle)*, et elles étaient environ comme ça. *(Il saute.)*

Sarah: Oui.

Michael: Montre-moi où tu penses qu'elles arrivent maintenant.

Sarah: *(Elle met sa main à peu près à dix centimètres au-dessus du sol.)*

Michael: Là ?

Sarah: Oui.

Michael: Vraiment ?

Sarah: Oui.

Michael: Et montre-moi combien tu es grande maintenant par rapport à elles.

Sarah: Aussi grande que je suis quand je suis debout.

> Michael: Lève-toi et montre-moi.
>
> Sur le tableau, nous avons noté la taille de Sarah, assise et debout, et nous avons indiqué la taille des peurs « avant et après ». Le changement était évident pour Sarah, et je fus impressionné par la petite taille qu'elle accordait à ses peurs. J'ai été particulièrement intéressé qu'elle ait choisi, pour évaluer le changement de sa propre taille par rapport aux peurs, de passer de sa hauteur en position assise à sa hauteur en position debout. Dans mes questions, j'avais à une ou deux reprises parlé de « faire face aux peurs de toute sa hauteur » et je remarquais maintenant que Sarah semblait dire qu'elle les dominait vraiment de toute sa hauteur. (Durrant, 1989, p. 27-28)

D'après Kowalski et Kral (1989), que le thérapeute situe le « pire » scénario à "10" ou "0" sur l'échelle est uniquement affaire de style personnel. Berg (1994) suggère que « culturellement (tout au moins dans la civilisation occidentale), on a tendance à considérer "10" comme plus grand, mieux et plus haut que "1"... Par suite, on place à "10" l'état que l'on souhaite le plus. » Pour ma part, je préfère présenter l'échelle de manière à ce que l'état désiré (ou l'objectif) se situe à "10", ainsi les clients peuvent « se représenter » la progression qui les amène à la solution.

> Si les enfants ont des problèmes comportementaux, c'est parce qu'ils sont trop lents ou trop brillants pour assumer le programme scolaire classique. On a en général recours à des tests psychologiques pour explorer ces problèmes. Dans la pratique actuelle, les psychologues consacrent beaucoup plus de temps à faire des évaluations individuelles qu'à toute autre activité. Les évaluations individuelles ont accordé une grande place à un point de vue linéaire des problèmes des enfants à l'école. Quand on a recours à l'évaluation individuelle, on reconnaît, consciemment ou inconsciemment, que c'est dans l'enfant lui-même que réside le problème... Même si on reconnaît qu'une évaluation psychologique peut être nécessaire dans certains cas, dans la plupart des situations elle ne fait qu'ajouter des données au dossier d'un élève, dossier qui n'est d'aucun secours. Ainsi, on doit donc

considérer l'évaluation psychologique comme un dernier ressort plutôt que comme la première étape de l'intervention. (Brown, 1986, p.15)

CHAPITRE 4 —
Se sentir entendu

Alors que j'interrogeais les parents adoptifs d'un adolescent sur les moments où son comportement était différent, ils répondirent d'un ton désespéré : « Oui, c'est vrai. Parfois, il fait *exprès* de bien se tenir à l'école - rien que pour nous ennuyer ! » Ce n'était pas l'expression d'un « rejet » voilé, ni de leur « mauvaise volonté à changer », mais plutôt le reflet de leur sentiment d'impuissance. Mes questions sur les exceptions ne correspondaient pas à leur ressenti de la situation et ils avaient donc l'impression que j'essayais de les « convaincre » que les choses n'allaient pas aussi mal qu'ils le pensaient. Je n'avais pas réussi à « valider » leur expérience d'échec et donc, à leurs yeux, je minimisais la gravité du problème.

Notre objectif en tant que conseillers psychopédagogiques, plus particulièrement dans une perspective orientée vers la solution ou fondée sur les compétences, c'est de développer une relation de coopération avec l'individu avec qui nous travaillons. Rien dans les principes de la thérapie brève ne contredit ce que nous savons déjà tous sur la relation dans le domaine du conseil psychopédagogique.

Tout ce que nous faisons reste sans effet si nos clients n'ont pas le sentiment que leur vécu de la situation a été validé.

Comme le soulignent Cade et O'Hanlon :

> Nous pensons que les clients ne sont en général à l'écoute que s'ils ont le sentiment qu'on les a entendus, que ce qu'ils vivent a été validé, y compris leurs expériences affectives. Nous croyons que tout thérapeute, quelle que soit la théorie sur laquelle il s'appuie, doit prêter une attention suffisante à cet aspect des expériences du client pour que sa thérapie soit efficace. C'est

> précisément dans la manière de le faire et peut-être par ce que l'on entend par « attention suffisante » que diffèrent les diverses approches thérapeutiques. Exprimer des sentiments est évidemment une réaction humaine naturelle, souvent importante, particulièrement dans des moments cruciaux de chagrin, de joie, d'enthousiasme, de peur, etc. Là où les thérapies divergent souvent, ce n'est pas seulement sur l'importance qu'elles donnent à la reconnaissance des émotions, mais également sur le rôle fondamental et central que l'expression des émotions est censée avoir dans le processus de la thérapie et du changement. Pour nous, même si explorer et exprimer les émotions peut quelquefois s'avérer utile et cathartique, le principal mécanisme du changement se fait en fin de compte à travers les modifications des constructions sur lesquelles se basent les distinctions et se distillent les expériences. (1993, pp. 44-45)

Ainsi, dans notre travail d'évaluation et dans notre travail de conseil, nous marchons souvent « sur la corde raide ». D'un côté, nous devons admettre l'expérience de l'élève ou de l'enseignant qui est en face de nous et valider son expérience de frustration, d'impuissance, d'injustice, etc., d'un autre côté, nous ne voulons pas trop nous focaliser sur le problème, de peur de l'amplifier. La direction que nous donnons à notre travail peut nous aider à parvenir à cet équilibre qui n'est jamais facile à trouver. J'aborderai plus loin la question des « objectifs » : c'est dans ce domaine que nous risquons le plus de paraître invalider l'expérience du client.

> Dans l'exemple évoqué ci-dessus, mes questions sur les exceptions avaient pour but implicite de modifier le comportement du garçon. A mon idée, comme pour ces parents adoptifs la conduite de leur fils était tout le temps « mauvaise », cela affectait leurs réactions, et, à leur tour, ces réactions renforçaient par inadvertance le comportement du garçon. Ce qui est important c'est qu'il n'était pas dans mon intention de les « blâmer » et j'avais également prévu de discuter avec le garçon de son attitude. Avec du recul, je suis sûr que mon hypothèse était « juste », mais elle ne correspondait pas à leur expérience. En

tant que parents adoptifs, ils s'étaient engagés à lui offrir une vie aussi réussie que possible et l'échec de cette tentative avait des conséquences accablantes sur leur façon de se considérer eux-mêmes. Au premier abord, le programme thérapeutique impliquait que le garçon se conduise différemment. Mais, ces parents adoptifs se faisaient une idée tellement désespérée de la situation (laquelle, il faut le noter, avait été entretenue par d'autres professionnels qui les avaient noyés d'informations détaillées sur les antécédents de mauvais traitements et de négligence envers le garçon) qu'ils considéraient ce programme comme irréalisable. Par conséquent, que je semble vouloir le mettre en œuvre ne pouvaient qu'apporter des réponses du type « Oui, mais ».

À un certain niveau, ils s'intéressaient à l'amélioration de son comportement (et de leurs réactions face à ce comportement) ; pourtant leur conception de la situation montrait bien (pour reprendre les termes de De Shazer), qu'ils n'étaient pas vraiment « acheteurs » pour une thérapie orientée en ce sens. Il fallait que je valide leur sentiment d'échec et d'impuissance. Mais cela ne voulait pas dire pour autant que je devais m'embarquer dans une interminable évaluation de « la gravité de la situation ». Cela leur aurait donné le sentiment d'être entendus mais n'aurait pas modifié ce qui nous intéressait. Certes, il était souhaitable d'explorer les exceptions mais il fallait le faire d'une autre manière.

« Je vois bien que vous avez investi beaucoup de temps et d'énergie pour que ça se passe bien avec Andrew. Il semble que vous ayez tout essayé, et vous paraissez tous deux déçus que tout ce que vous avez essayé n'ait pas semblé être efficace. Je me demandais seulement, à quand remonte la dernière fois où vous vous êtes sentis un peu moins en échec en tant que parents adoptifs ? »

Cette question permettait encore de se centrer sur des aspects plus positifs de la situation, tout en validant leur expérience. Explorer gentiment les moments où ils s'étaient sentis moins en échec était une bien meilleure façon de rechercher les moments où ils agissaient différemment et, cela n'a rien de surprenant, certains de ces moments avaient coïncidé avec une amélioration du comportement du garçon. Le fait de se focaliser uniquement sur les moments où il était plus sage ne prenait pas en compte leur sentiment d'échec. Par contre, en se centrant sur les moments où ils agissaient différemment, on leur permettait de sentir qu'ils avaient une certaine influence sur le comportement de l'enfant.

CHAPITRE 5 —
Les objectifs : mise en place du programme d'aide

La plupart des méthodes de conseil psychopédagogique attachent une grande importance aux « objectifs ». Dans des contextes comme le milieu scolaire, où la thérapie à long terme, avec des objectifs vagues (comme la « conscience de soi »), est un luxe qu'on ne peut pas se permettre, presque tout le monde serait d'accord pour dire que la thérapie se doit de se fixer un objectif clairement défini. Toutefois, on peut concevoir les objectifs de diverses manières.

> En général, les objectifs sont l'expression de la focalisation sur le problème. Ils sont formulés en termes de « ce que [les problèmes] la personne veut ou a besoin de travailler », « les questions qu'il faut soulever », « les comportements à modifier », etc. En fait, les objectifs sont habituellement en relation avec le fait de se débarrasser d'un problème quelconque ou de changer une situation problématique. Peu importe qu'ils soient énoncés de façon anodine, il y a de fortes chances pour que des objectifs ainsi formulés contribuent à ce que l'on garde les yeux fixés sur le problème. Pourtant, se centrer continuellement sur le problème n'aide pas nécessairement à développer le sentiment que les choses peuvent être différentes pour l'enfant ou l'adolescent, pour les parents et pour l'équipe [scolaire]. (Durrant, 1993, p. 58)

Au lieu de se focaliser sur ce qui doit changer ou doit être changé, il peut s'avérer plus utile de s'intéresser à la tournure de la situation lorsqu'elle aura changé, c'est-à-dire de se centrer sur un avenir débarrassé du problème. Notre travail, plutôt que de s'attacher à changer le problème quel qu'il soit qui nous a amené à intervenir, devrait plutôt s'orienter sur ce que seront les choses au moment où l'élève sera prêt à en finir avec nous, prêt à retourner en classe, etc.

Comme je l'ai déjà mentionné, dans la liste des questions d'évaluation de Cade et O'Hanlon, on trouve : « Comment saurons-nous que nous avons atteint notre but ? » Pour eux, le processus d'aide psychopédagogique doit être en totalité « mené par les objectifs » et non « mené par les problèmes ». Il ne s'agit pas d'une simple nuance sémantique : c'est dans la réalisation des objectifs que résident l'optimisme et le sentiment qu'il y a des choses possibles. Lipchick (1988a) raconte qu'elle commençait souvent le premier entretien en demandant : « Comment saurez-vous que vous n'avez plus besoin de venir ici ? ». Une telle question est lourde de suggestions : elle implique qu'à un moment donné, les choses iront mieux ; elle implique que le client sera en mesure d'en juger ; et elle implique qu'il peut dès à présent imaginer ce moment.

On pourrait utiliser les questions énoncées ci-dessous lors de la première séance de thérapie ou lors d'un premier entretien :

- Imaginons que notre conversation s'avère utile. Que feras-tu de différent alors ?

- Il semble que les enseignants soient constamment après toi. Imaginons que ce que nous allons faire ensemble les persuade de te « ficher la paix ». Comment sauront-ils que les choses sont différentes avec toi ?

- Comment sauras-tu que tu es prêt à retourner à l'école ?

- Qu'est-ce que tu feras qui t'amènera à penser que tu es prêt à retourner à l'école ?

- Quand tu seras prêt à réintégrer la classe, à ton avis, qu'est-ce que les gens remarqueront de différent en ce qui te concerne par rapport à ce qui se passe maintenant ?

- Si nous te filmions maintenant, et que nous fassions une autre cassette lorsque tu n'auras plus d'ennuis, que verrions-nous de différent sur la seconde cassette ? Comment pourrions-nous reconnaître la deuxième de la première ?

- Comment saurons-nous quand cet élève sera prêt à retourner en classe ?

Non seulement les questions de ce genre focalisent l'attention sur un succès futur plutôt que sur un échec passé, mais elles aident aussi à formuler les objectifs en termes concrets. Elles introduisent toutes l'idée : « Que ferez-vous lorsque les choses iront mieux ? ». Les objectifs flous (« Je serai plus sage ») sont difficiles à mesurer et à concrétiser. Étant donné qu'il est toujours possible « d'être plus sage », il se peut que l'élève ou les parents ou le personnel scolaire n'aient jamais la certitude que les objectifs ont été atteints. Plus les objectifs semblent imprécis, plus la personne a le sentiment que « quoi que j'accomplisse, il y a toujours une autre étape » ; les élèves sont alors d'autant plus enclins à abandonner. Pour De Shazer (1988), les objectifs concrets qui émergent de la question : « Comment saurons-nous que nous avons atteint nore but ? », sont une étape importante pour aider à faire naître l'éventualité d'une solution et aideront souvent les clients à prendre conscience qu'une partie de ce qu'ils ont besoin se produit déjà.

Comment saurons-nous que les choses vont mieux?

Cette question :

- déplace notre intérêt du problème (ou de ce que les gens ont considéré comme le problème) vers la solution ;

- est encourageante et peut donc aboutir à une meilleure coopération ;

- procure des descriptions du comportement qui va se produire ; (Adopter ces comportements particuliers devient l'objectif.)

- suscite des questions sur les moments où ces comportements se manifestent déjà.

Les questions concernant la situation quand la solution est acquise nous permettent d'obtenir des informations sur un comportement particulier. Bien sûr, les premières réponses sont plutôt du genre : « Ils arrêteront de m'embêter », et peuvent nécessiter une exploration plus approfondie. Ce que nous voulons savoir, c'est : « Qu'est-ce qui sera différent quand ils arrêteront de t'embêter ? » Ce sera peut être : « Je ne me cacherai pas à la bibliothèque à l'heure du déjeuner », d'où la question suivante : « Qu'est-ce que cela changera pour toi ? » – « Je pourrai discuter avec le gars de troisième qui a un ordinateur », et la séance peut alors porter sur le fait d'être capable de parler à cet élève.

Les objectifs ainsi formulés sont certainement plus constructifs, mesurables et réalisables. Ils peuvent amener à étudier en détail les moments où les comportements souhaités se manifestent *déjà* (car il y a de fortes chances que l'élève ait déjà parlé à ce garçon de troisième, alors qu'il n'arrive pas à se rappeler les fois où il s'est senti moins harcelé), ou les petites étapes sur le chemin qui y mène.

Dans mon travail en établissement spécialisé, les objectifs de ce genre deviennent souvent une sorte de « thème » qui revient sans arrêt tout au long du séjour. Par exemple, certains collègues d'un hôpital psychiatrique de court séjour, près de Washington, posent la question : « Comment saurez-vous quand vous serez prêt à sortir d'ici ? » et relèvent tous les signes allant dans ce sens au cours de l'hospitalisation. D'autres programmes en établissement spécialisé exploitent un « thème » fondé sur des objectifs comme par exemple « reprendre le contrôle de ma vie » ; ils déterminent les signes spécifiques qui en indiqueront la réalisation et ils emploient alors en permanence le langage approprié à ce thème.

Atteindre cet objectif devient la raison principale qui justifie le placement en centre spécialisé, et il est donc logique d'y revenir régulièrement. Cependant, les élèves ne vont pas à l'école pour accomplir avant tout des objectifs thérapeutiques particuliers et il n'est donc peut-être pas très pertinent d'utiliser constamment ce « langage relatif à l'objectif ». Il n'empêche que, même lorsqu'un élève a été identifié comme un problème, l'équipe pourrait de temps à autre réagir à son attitude par des propos du genre : « Aujourd'hui, nous avons remarqué que tu as fait quelque chose pour faciliter ton retour à l'école », etc.

Un avenir certain par opposition à un avenir possible

Le langage que nous utilisons est important car il transmet toutes sortes de signaux subtils qui peuvent soit aider, soit gêner le mouvement vers l'objectif.

Au moment où on étudie les objectifs, on formule de préférence les questions proposées ci-dessus d'une manière particulière ; par exemple : « Que ferez-vous quand cela ne sera plus un problème ? » plutôt que « Que feriez-vous si ça n'était plus un problème ? »

Le langage de « l'avenir certain » suggère que les choses iront mieux. La « suggestion » était un outil important dans le traitement par l'hypnose d'Erickson : il se servait du langage pour *suggérer* des idées et des solutions, plutôt que de les spécifier ouvertement. De même, le client s'attend plus facilement à un changement quand notre discours sous-entend qu'un changement va se produire. Cela revient à dire : « Je sais que vous serez capable d'y arriver », sans le dire !

Les objectifs de qui ?

> Dans le cas où les élèves ne semblent pas motivés, ce sont souvent les objectifs eux-mêmes qui constituent le problème. Nous avons tous tendance à faire des efforts pour atteindre des objectifs que nous nous sommes fixés, et qui ont de ce fait une certaine valeur pour nous, et moins motivés pour travailler sur des objectifs qui nous sont imposés par autrui. L'une des choses les moins rentables, c'est d'essayer de convaincre un élève qu'il a un problème particulier. Ce n'est pas parce qu'un enseignant ou l'administration scolaire ou même les parents ont identifié le problème et ce qu'il faut faire pour y remédier que l'élève sera forcément d'accord. (D'après Durrant, 1993, p.64.)

Mon expérience révèle que les gens avec qui nous travaillons veulent en général que les choses s'améliorent. À nous simplement de comprendre ce qu'ils entendent par « améliorer », et ne pas nous fonder sur ce que nous supposons qu'ils veulent dire – et nous devons faire abstraction de nos propres idées, que ce qu'ils entendent par « améliorer » nous paraisse raisonnable ou pas.

C'est le problème des autres

Bien souvent, les élèves sont envoyés chez les conseillers psychopédagogiques sans être vraiment consentants. S'ils ont à choisir entre rencontrer le conseiller ou être exclus, la première option est (à peine) meilleure. Quoi qu'il en soit, il n'est pas étonnant qu'ils ne fassent preuve d'aucune motivation à leur arrivée chez le conseiller psychopédagogique et que leur vocabulaire semble subitement se limiter à « bof » ou « j'sais pas ».

Comme je l'ai déjà dit, essayer de les convaincre qu'ils ont un problème est une recette infaillible pour se sentir déçu. Il est préférable de découvrir plutôt ce qui, pour eux, est un problème.

Tout ce que nous avons déjà dit à propos des significations et des comportements implique qu'il n'y a pas nécessairement de position « vraie » sur ce qui constitue le problème ou sur ce que pourrait être la solution. Par conséquent, une approche pragmatique suppose que nous serons plus efficaces en exploitant tout ce qui pourrait motiver l'élève, même si ce n'est pas conforme à ce que veulent les autres.

Dans le cas étudié ci-après, l'objectif de l'école était que l'élève confesse ses méfaits et montre du remords pour sa mauvaise conduite générale, ce qui serait considéré comme une indication de changement de sa part. Comme on aurait pu s'en douter, l'élève n'avait pas particulièrement envie de faire preuve de remords. Toutefois, il était conscient qu'il ne devait pas se faire renvoyer de l'école, car cela signifierait qu'il ne ferait plus partie de l'équipe de football. L'entretien, centré sur son objectif de rester dans l'équipe de foot, prit un sens pour lui et permit de trouver des idées pour qu'il agisse différemment.

On peut certes se demander avec inquiétude si ce changement, qui semble se produire chez l'élève pour des raisons purement « pragmatiques », est authentique et peut durer. Néanmoins, les conceptions sur la nature interactive du comportement sous-entendent que si un élève, pour quelque raison que ce soit, commence à se comporter différemment, les autres réagiront différemment à son égard, ce qui amènera l'élève à continuer à se comporter différemment, etc. C'est-à-dire que le mécanisme même par lequel le jeu des interactions peut amener à l'exacerbation d'un comportement problématique, peut aussi conduire à « l'exacerbation » d'un comportement non problématique.

Ainsi, que nous considérions cela comme « gagner de l'influence », « améliorer la coopération » ou « utiliser la motivation », l'approche la plus efficace est de se focaliser sur ce que l'élève veut voir changer. Cela correspond à l'idée « d'utilisation » chère à Erickson : tout ce que l'élève apporte, en termes d'attitude, de croyances, de motivation, etc., nous cherchons à l'exploiter en travaillant vers la solution.

Tiggeman et Smith (1989) décrivent une approche qui tient compte de l'opinion d'un adolescent selon laquelle tout le monde le considère « injustement » comme un problème; dans cette approche, on utilise cette idée comme un moyen d'encourager l'adolescent à faire quelque chose de différent pour « prouver que les adultes ont tort » (voir page 70). Ils décrivent des adolescents qui, quand le conseiller a admis leur point de vue que « c'est injuste que les enseignants aient cette image de vous », étaient disposés à se comporter différemment en classe « afin de forcer l'enseignant à changer son point de vue ». Ils précisent que ce procédé peut parfois même se révéler « amusant ».

L'adolescent peut ne pas être « motivé » par la définition du problème donnée par quelqu'un d'autre ; par contre, il peut être « motivé » par un autre problème. En fait, qu'est-ce qui est vraiment un problème pour l'élève ? Il est possible que le fait que les autres pensent qu'il y a un problème soit un problème, ou que le fait que les autres le harcèlent soit un problème, ou que les agissements des enseignants, de la police, des parents soient un problème, et l'adolescent peut trouver un intérêt à faire quelque chose sur l'un de ces éléments.

J'ai trouvé qu'il était très utile de tenir compte du point de vue d'un enfant ou d'un adolescent sur la situation et de travailler à partir de là, plutôt que de la décrire dans des termes qui reflètent ce que la personne qui nous l'adresse ou moi-même pensons être le problème.

Pour certains adolescents, le problème est que « les autres pensent qu'il y a un problème », et il est plus utile d'accepter cette définition et de chercher à construire sur cette base. Ainsi, l'objectif de l'adolescent devient : « prouver que je n'ai pas de problème », « arriver à ce que les gens me fichent la paix », « montrer aux enseignants que je ne suis pas irresponsable », etc. On peut ainsi être amené à étudier dans le détail ce qui se passera quand cet objectif sera atteint, de façon à découvrir les comportements précis qu'adoptera alors l'élève, puis à l'interroger sur les moments où ils se produisent déjà.

Un élève ne pensait pas qu'il ait un problème, et le fait que l'enseignant l'envoie en consultation n'était pour lui qu'une illustration de plus du harcèlement dont il était l'objet. Au départ, il se montra un peu sceptique lorsque je lui dis que cela devait être vraiment embêtant que les gens pensent qu'il avait un problème et il resta sur la défensive quand je lui demandai quels effets cela avait sur lui. Tandis que j'insistais en disant : « Ce doit être un vrai problème que les enseignants pensent que tu es un

Prouver que les enseignants ont tort

Jane Tiggeman et Greg Smith (1989) ont décrit ce qu'ils appellent « la thérapie de choc pour adolescent ». Leur travail a porté sur des adolescents qui considéraient la situation problématique comme « injuste » (ce qui est le cas pour 95 % des élèves avec qui nous travaillons !). Ce sont des enfants qui pensent qu'ils n'ont pas de problème, que les autres leur en font voir de dures en étant sans arrêt sur leur dos ou en les traitant injustement.

Nous connaissons tous ce genre d'adolescents. Même si nous savons que cela ne marchera pas, c'est tellement facile pour nous d'essayer de leur faire « admettre » leur problème ; on fait alors appel aux déclarations du genre : « Mais, tu comprends sûrement pourquoi tes professeurs trouvent cela agaçant ? » ou bien : « D'accord, cela semble injuste, mais essaie de te mettre à la place de ton professeur », et nous énumérons toute une liste des « crimes » de l'adolescent, etc. Nos efforts sont tout à fait raisonnables, pour nous, mais pas pour l'adolescent. Bien des gens croient que chaque adolescent doit « avoir son problème » – même si je pense qu'il est préférable qu'il puisse « avoir » sa solution. Tiggeman et Smith adoptent pour position de se ranger du côté de l'adolescent : ils reconnaissent que les autres leur en font voir de dures, ils laissent entendre qu'ils comprennent pourquoi l'adolescent en a marre. Peu leur importe que cette position soit « juste » ou pas ; de toute manière, ils ont compris que c'était peut-être bien le seul moyen d'obtenir la confiance et la collaboration de l'adolescent (particulièrement dès lors que l'élève a tendance à suspecter le conseiller psychopédagogique de n'être qu'un agent de plus du système scolaire). Ils cherchent à formuler d'une façon positive la motivation de l'adolescent (sans nécessairement sembler excuser son comportement présumé).

Implicitement, ils redéfinissent également la position de l'enseignant ou celle des parents aux yeux de l'adolescent, en insinuant que le problème, ce n'est pas que l'enseignant soit vindicatif, mais plutôt qu'il se trompe au sujet de l'adolescent (en le considérant comme un fauteur de troubles, etc.) Ils s'entretiennent avec l'adolescent de la façon dont il pourrait amener les adultes à s'impliquer dans le changement, même s'il semble injuste que la responsabilité en revienne à l'adolescent : les adultes sont notoirement « rigides » et ne changent pas d'opinion facilement. Par conséquent, l'adolescent peut avoir à recourir au « traitement de choc » pour prouver aux enseignants ou aux parents qu'ils ont tort.

J'ai commencé par suggérer à Alex que, s'il voulait s'en sortir avec Mademoiselle Nimosa, il pourrait peut-être l'amener à admettre qu'elle se trompait sur son compte, puisque nous avions convenu ensemble qu'elle semblait le considérer comme un fauteur de troubles. Je lui ai suggéré qu'il pouvait peut-être la choquer en lui faisant prendre conscience qu'elle se trompait. Cette proposition l'enthousiasma au plus haut point et il commença à se creuser la cervelle avec moi pour trouver des moyens de la pousser à réaliser qu'il n'avait rien d'un fauteur de troubles. (Tiggeman & Smith, 1989, pp. 10-11)

Dans leur article, Tiggeman et Smith décrivent un bon nombre d'exemples d'adolescents qui en vinrent à se montrer choquants dans leur coopération, choquants dans leur façon d'être responsables, choquants dans leur façon d'être sages, etc. Dans tous les cas, ce n'était pas parce que l'adolescent pensait nécessairement que c'était la bonne attitude à adopter, mais parce qu'il considérait que c'était un moyen de prouver que l'adulte avait tort. Prouver à l'adulte qu'il avait tort était devenu un projet, ou un objectif, qui motivait l'adolescent. En considérant les séquences d'interactions autour des problèmes, il est facile de voir qu'un adolescent qui modifie son comportement de cette façon pousse les adultes à réagir différemment. Tiggeman et Smith font remarquer « qu'il suffit que l'adolescent sorte de l'impasse pour ouvrir le champ à des interactions plus positives. »

problème, n'est-ce pas ? », il parut penser que j'utilisais sans doute « une ruse ». Néanmoins, je persistai et il se mit à me raconter comment il vivait cette situation. Après avoir défini sa plainte initiale portant sur « l'injustice » de la situation, il put dire que ce qui le touchait vraiment dans le fait que les enseignants pensent qu'il était un problème, c'était qu'ils ne lui faisaient pas confiance. En quoi cela était-il un problème ? – Cela ne signifiait pas seulement qu'il se sentait constamment surveillé, mais aussi qu'il n'était jamais désigné pour répondre aux questions en classe, pour transmettre des messages, pour participer à des activités non surveillées, etc.

Je lui demandai : « Que se passera-t-il quand les enseignants te feront confiance ? » ; il cita toutes sortes d'activités et d'avantages auxquels il aurait accès. « Qu'est-ce qui sera différent ? » – Il pensait qu'il apprécierait mieux l'école parce que ce ne serait plus une corvée. J'ai exploré en quoi cela ferait une différence pour lui : il serait plus heureux, il se sentirait mieux en sachant qu'on lui faisait confiance, et s'il se sentait plus heureux, il viendrait à bout de son travail.

« Quand pour la dernière fois as-tu terminé ton travail en classe ? » – Il s'est finalement rappelé d'une occasion où il avait fait ses devoirs jusqu'au bout, et j'ai continué à rechercher ce qui était différent à ce moment-là. Il pensait que cela venait d'une enseignante qui n'était pas aussi sévère avec lui, et qu'il avait alors tendance à participer un peu plus à ses cours. Peut-être qu'elle ne partageait pas l'opinion qu'il avait un problème. Je me demandai ce qu'elle avait bien pu remarquer à son sujet, que les autres enseignants ne voyaient pas, et il m'énuméra toutes sortes de petites choses qu'il faisait différemment dans ces cours-là.

Il consentit à tenir une liste secrète, au cours de la semaine suivante, de toutes les fois où il se surprendrait à faire, dans un autre cours, l'une des choses qu'il ne faisait habituellement que dans les cours de cette enseignante, car ce serait ce genre d'élément qui l'aiderait à progresser vers son objectif : prouver aux gens qu'il n'avait pas de problème.

Les objectifs « irréalistes »

Et si les objectifs sont irréalistes ? Il est plus sage de ne pas trop s'intéresser à cette question au départ. Si l'objectif de l'élève est de revenir dans son école (même si celle-ci a décidé de ne pas le reprendre), et que cet objectif est déclaré irréaliste, alors on peut s'attendre au moins à de la « résistance » ou de l'opposition. Si, malgré tout, on accepte cet objectif et qu'on l'étudie en profondeur, nous pouvons commencer à construire une représentation de ce que l'élève est capable de réaliser. Des questions comme : « Comment sauras-tu quand tu seras prêt à retourner dans cette école ? » peuvent inciter l'élève à préciser des comportements particuliers ou des étapes sur lesquels il veut travailler.

Comme l'élève travaille là-dessus et que l'équipe scolaire y réagit, un climat différent, plus favorable à la réussite, peut alors s'instaurer. Une fois que la situation s'est un peu débloquée, on peut discuter plus en profondeur des détails de son avenir afin d'ouvrir d'autres perspectives (fréquenter d'autres écoles par exemple). Dans le contexte précédent, l'unique espoir auquel l'élève pouvait se raccrocher était de retourner dans son ancienne école. Lorsque l'élève est capable de se voir différemment, on peut alors envisager d'autres options. Ce qui veut dire que lorsque l'élève a de lui-même une image plus brillante, il est plus enclin à considérer d'autres choix.

La question miracle

De Shazer (1988) décrit la « question miracle » comme un élément essentiel de la thérapie brève centrée vers la solution et comme un moyen d'établir des objectifs significatifs pour le client.

> *Supposons qu'une nuit, pendant votre sommeil, un miracle se produise et que tous les problèmes qui vous ont amené ici soient résolus. Comment le saurez-vous ? Qu'est-ce qui sera différent qui vous fera dire que le miracle s'est produit ? Que remarqueront vos parents, vos professeurs qui leur fera dire qu'il s'est produit ?* (De Shazer, 1988, p. 5)

Lorsqu'on pose cette question, on aboutit à une « image » concrète de ce que sera la situation résolue. Comme la question prend la forme de

« faisons comme si », les gens y répondent plus facilement sans s'enliser dans les « oui, mais » qui reflètent leurs sentiments habituels de découragement. Il est important de bien étudier les réponses à la question miracle, afin d'élaborer une image aussi précise que possible. Les adolescents commencent souvent par répondre : « Ils ne seront pas toujours après moi ». On peut obtenir plus de détails avec des questions comme : « Que feront-ils à la place ? En quoi cela fera-t-il une différence pour toi ? Alors, que feras-tu de différent ? Comment cela changera-t-il les choses pour toi ? Et pour eux ? », etc. De la même façon, quand des parents répondent à la question miracle par : « Il fera ce qu'il est censé faire », on peut demander : « Alors, qu'est-ce qu'il fera ? Comment réagirez-vous à cela ? Qu'est-ce que ça changera pour vous ? Que remarquera-t-il qui lui fera penser que vous êtes contents ? », etc.

Je dis souvent à mes étudiants qu'ils devraient être capables d'approfondir la réponse à la question miracle pendant vingt minutes. Bien sûr, il n'y a rien de magique dans ces vingt minutes ; toutefois, cela nécessite un certain temps pour passer des réponses globales à des descriptions plus précises du « miracle ».

La question miracle peut avoir diverses utilisations. Le seul fait d'élaborer cette description précise de la solution semble avoir pour effet d'aider les gens à la considérer comme réalisable. C'est presque comme si construire une vision de la solution la transformait alors en possibilité. « Il semble que le simple fait de construire une représentation de la solution agisse comme un catalyseur qui favorise la mise en place de cette solution. » (O'Hanlon et Weiner-Davis, 1989, p. 128.) Ici aussi, cette question a surtout tendance à apporter de la « motivation ». Les comportements qui sont décrits comme caractéristiques du miracle deviennent les objectifs de l'intervention.

« TU NE PEUX PAS REVENIR A L'ÉCOLE TANT QUE TU N'EXPRIMERAS PAS DE REMORDS » MISE AU POINT D'UN PROJET QUI AIT DU SENS

Colin était en troisième dans un collège de grande renommée. Il vivait avec sa mère, son beau-père et sa petite sœur. Son père et sa mère avaient divorcé au moment où Colin entrait à l'école primaire, mais il était toujours en relation avec son père. En fait, l'école avait plutôt tendance à contacter le père au sujet de Colin.

À la suite d'une série de bagarres, de perturbations en classe, d'insultes aux professeurs, et d'échecs scolaires, Colin finit par être exclu après s'être fait appréhender pour vol à l'étalage en rentrant de l'école (bien qu'on ne sache pas si l'école était plus affectée par le vol ou par le fait qu'il portait l'uniforme scolaire à ce moment-là). L'exclusion intervenant en fin de trimestre, on lui dit qu'il ne reviendrait à l'école que s'il consultait le conseiller psychopédagogique. Et même alors, sa réadmission n'était pas garantie.

Pour le principal du collège, Colin avait « des troubles du comportement » et ce qui l'inquiétait le plus c'était que Colin ne manifeste aucun remords pour sa mauvaise conduite. Il précisa que Colin faisait partie en dehors du collège, d'une bande d'adolescents qui était impliquée dans des « activités marginales » et cela le rendait pessimiste quant à l'avenir de Colin, particulièrement, dit-il, à la lumière de ses antécédents familiaux difficiles. Il présentait Colin comme un « menteur incorrigible » et s'inquiétait de l'influence qu'il exerçait sur ses camarades.

C'est ainsi que Colin arriva en thérapie avec une liste impressionnante de sujets de doléances et une réputation sulfureuse à l'école. Le « projet » du collège était que Colin devait reconnaître ses fautes, les comprendre et en saisir les conséquences, puis se repentir de ses actes. Ce n'est qu'alors qu'ils seraient sûrs de pouvoir le prendre en charge au collège.

Le père (et non le beau-père) et la mère de Colin était présents lors de l'entretien, et j'y ai tout d'abord vu le signe d'une implication salutaire du père – un bon signe ! Malheureusement, ce signe fut très vite complètement éclipsé quand le père s'en prit méchamment à la mère, et au fait que, selon lui, tout le monde le tenait pour responsable du divorce et donc des problèmes de Colin ; il ne tarda pas à sortir de la pièce en claquant la porte. Je regardai la mère qui avait l'air de dire : « Voyez ce que nous avons à supporter ». Colin, toutefois, gardait son expression ennuyée.

Explications

Si nous avions voulu spéculer sur les « causes » du comportement problématique de Colin, ces cinq premières minutes de séance offraient déjà bien des possibilités. Par exemple, on aurait pu s'interroger sur les conséquences pour Colin du divorce de ses parents et de leur mésentente toujours manifeste. Étant donné que c'était le père et non le beau-père qui assistait à l'entretien (en dépit du fait que le beau-père appartenait à la famille depuis près de dix ans et qu'apparemment il se sentait très concerné par les enfants), on aurait pu se demander si le comportement de Colin n'était pas, de quelque manière, une tentative pour réunir son père et sa mère, et qu'il remplissait peut-être ainsi une certaine « fonction » dans leur relation actuelle. À l'opposé, on aurait pu s'interroger sur une quelconque « pathologie » chez Colin, notamment du fait qu'il ne se rendait absolument pas compte de son attitude et ne la regrettait pas.

Chacune de ces explications (et d'autres encore) est plausible ; chacune suggérerait une approche particulière pour l'intervention. À mon sens, ces explications évoquent toutes une démarche thérapeutique qui pourrait s'avérer complexe et difficile. Déjà, il semblait difficile d'obtenir que les parents de Colin joignent leurs efforts pour quoi que ce soit. En outre, l'école semblait avoir des idées très arrêtées sur Colin, et toutes les tentatives de solution utilisant la classe ou les structures scolaires avaient peu de chances de soulever l'enthousiasme. En définitive, je n'étais pas persuadé que Colin fût « motivé » pour « travailler sur » ces problèmes. Toute intervention destinée à changer son comportement ou lui-même pouvait très bien se retrouver contrariée par son manque de coopération.

Utiliser la « motivation »

Quand le calme fut revenu, je demandai à la famille ce qu'elle pensait qu'il me serait utile de savoir sur sa situation. La mère de Colin me fit un exposé détaillé des plaintes du collège à l'encontre de Colin, ajoutant que, d'après elle, l'école n'avait pas bien géré la situation (une invitation à « prendre parti », qu'à mon avis il valait mieux ignorer !). Tantôt elle disait qu'il ne posait pas de véritable problème à la maison (et donc, la faute en incombait à l'école, ou à son père), tantôt elle affirmait qu'il était désobéissant et fainéant et se disputait sans cesse avec sa sœur. Elle était visiblement déçue en disant : « J'ignore pourquoi il continue à faire ça. Je lui en ai parlé. Il ne se rend pas compte à quel point son éducation est importante. J'espère tout simplement qu'il se calmera et se mettra au travail. »

Alors qu'elle tenait ces propos, Colin affirma posément : « Je ne le ferai plus ». Mais sa mère rejeta cet engagement en faisant remarquer qu'elle avait déjà entendu ça auparavant. J'étais sûr que Colin avait probablement déjà fait de telles promesses plusieurs fois et il était compréhensible que, pour son entourage, ce ne soit que des paroles en l'air. Il est vraisemblable que toutes les affirmations de ce genre avaient été ignorées ou tournées en dérision, si bien que c'était presque une prophétie autovalidante de considérer qu'elles avaient toutes les chances d'être fausses.

Il n'était pas vraiment important que Colin se soit montré « honnête » ou non quand il disait qu'il ne le ferait plus. L'important, c'est qu'il était en train de parler de changement. Je me demandai si je pourrais creuser cela dans l'idée d'utiliser ou même de créer une certaine motivation chez lui.

– Attends, l'interrompis-je, qu'as-tu dit, Colin ?

– Je ne le ferai plus.

– Qu'est-ce que ça veut dire que tu ne vas plus le faire ?

– Simplement que... comme je l'ai dit, je ne le ferai plus. Mais elle ne me croit pas.

– Tu ne vas plus faire quoi ? continuai-je. (Il valait mieux s'attacher aux déclarations sur le changement que de s'écarter du sujet pour savoir si sa mère le croyait ou non.)

– Vous savez bien, toutes ces histoires à l'école. Dire aux profs d'aller se faire cuire un œuf et mettre la pagaille. Vous savez bien.

– Donc, tu ne vas plus le faire ?

– Non.

– Bon. Comment se fait-il que tu ne vas plus le faire ?

– Parce que je fais partie de l'équipe de football, répondit Colin.

– Bon, et quel rapport y a-t-il entre le fait que tu fasses partie de l'équipe de foot et que tu ne referas plus toutes ces choses ?

– Et bien, si je continue à m'attirer des problèmes, ils me vireront de l'école. Et s'ils me virent de l'école, je ne peux pas rester dans l'équipe.

– Ah ! Donc tu ne vas plus faire d'histoires parce que tu ne veux pas être exclu de l'école, parce que tu veux rester dans l'équipe de football.

– Ouais.

Colin semblait déçu qu'il m'ait fallu tant de temps pour « piger » cela ; toutefois, je voulais développer ce sujet lentement.

Nous avons parlé de football un moment. Je lui demandai s'il ne pourrait pas rejoindre une autre équipe de football ; il m'expliqua que l'équipe de son école était parmi les meilleures et qu'il voulait y rester pour remporter cette année encore le championnat régional.

Motivation ?

Le football semblait une des choses qui pouvait motiver Colin, et j'ai pensé qu'il y avait peut-être une possibilité d'exploiter cela pour aborder ses problèmes de comportement. Toutefois, il importait de ne pas sauter trop vite là-dessus. Colin avait sans doute l'impression que tout le monde « le poussait » à changer d'attitude, et tout harcèlement ne faisait qu'aggraver la situation. Il était important de ne pas lui donner l'impression que, moi aussi, je voulais le contraindre à changer. J'ai essayé en fait de rester assez objectif face à ses idées, tout en montrant que je le prenais au sérieux.

Peux-tu le faire?

– Bon, ainsi tu penses que tu es capable d'arrêter de faire toutes ces histoires. De cette façon, tu n'es pas viré de l'école et tu peux rester dans l'équipe de football.

– Ouais. Si je veux.

– Qu'est-ce qui te rend si sûr de pouvoir le faire ?

– Je ne sais pas, je sais que je peux, c'est tout.

– Donc, rester dans l'équipe de football est plus important que de te disputer avec tes professeurs ?

– Ouais.

– Et tu sembles vraiment sûr de pouvoir le faire.

– Ouais.

À ce stade, quand Colin disait qu'il se tiendrait tranquille afin de rester dans l'équipe de football, ces propos n'étaient guère différents de ceux qu'il avait déjà tenus. Néanmoins, c'était quelque chose qui le motivait.

Qu'il ait la volonté (ou tout autre raison) de changer était une chose, mais à mon idée, Colin ne voyait pas vraiment comment se comporter différemment. Il n'y avait pas que son entourage qui n'attendait de lui qu'une mauvaise conduite ; il en attendait probablement autant de lui-même. Il serait peut-être possible d'utiliser son désir de rester dans l'équipe de football non comme une façon de le « convaincre » de changer, mais comme un moyen de construire une image de lui-même comme étant capable d'avoir un comportement différent.

En outre, Colin envisageait de changer de comportement simplement pour « arriver à ses fins » (rester dans l'équipe), et non pour faire quelque chose de souhaitable en soi. Il était important que je m'accorde avec son point de vue au lieu d'essayer de le convaincre qu'une attitude différente était préférable en soi. En même temps, je voulais découvrir des informations qui pourraient lui servir de base pour commencer à se considérer lui-même autrement.

Tu l'as déjà fait

J'ai discuté avec Colin du fait qu'il serait difficile de « ne plus le faire ». Tout d'abord, il rejeta cette idée. Malgré tout, j'ai insisté en passant en revue certaines situations dans lesquelles les enseignants et/ou les élèves l'agaçaient et en lui montrant combien il lui serait facile de retomber dans l'habitude de les envoyer balader. Je me demandais si son désir de rester dans l'équipe de football était suffisamment fort pour lui permettre d'avoir le sang-froid nécessaire.

« As-tu déjà eu l'occasion de faire quelque chose de très dur uniquement pour réussir quelque chose d'important pour toi ? »

Après quelques instants de réflexion, Colin me dit qu'il s'était fait souvent sortir du terrain quand il jouait au foot. C'était d'ordinaire parce qu'il frappait quiconque le plaquait « déloyalement » et ensuite parce qu'il insultait l'arbitre qui lui donnait un avertissement. Colin trouvait son comportement tout à fait logique, mais il lui était difficile de marquer des buts s'il se faisait sortir ! Et c'était important pour lui de marquer des buts: il visait le titre du meilleur buteur de la saison. Finalement, il avait décidé d'arrêter ces violences qui l'empêchaient d'augmenter son score personnel.

Là encore, il était clair que Colin n'avait pas changé de comportement sur le terrain parce qu'il jugeait bon de le faire : il continuait à croire que les autres joueurs, et l'arbitre, méritaient ce qu'il leur avait fait. Mais il avait changé son comportement parce que son attitude ne servait pas son objectif premier.

Ce n'était pas le moment pour moi de porter un jugement. Au contraire, je tenais là un exemple de situation où il était capable de modifier son comportement pour une raison qui avait un sens pour lui. On pouvait sans doute s'appuyer là-dessus pour construire l'idée d'un comportement différent à l'école. Il n'était pas question de lui dire : « Tu l'as fait pour le football, donc pourquoi pas pour l'école ? » Une simple allusion en ce sens risquait d'être interprétée comme une exhortation de plus à changer. Je jugeai préférable d'explorer les aptitudes de Colin à se comporter différemment et ainsi, d'élargir l'image de lui capable de le faire.

Quand je lui demandai : « Comment y es-tu arrivé ? », ses réponses furent d'abord superficielles. Mais comme j'insistais, Colin finit par se rappeler (ou par découvrir) qu'il avait trouvé des moyens à la fois de contenir ses frustrations et de les exprimer autrement. Cette discussion se poursuivit environ quinze à vingt minutes. Je voulais développer une image aussi détaillée que possible de Colin maître de lui-même.

J'ai conclu la séance en lui signalant que j'étais impressionné par ses capacités à changer d'attitude sur le terrain de football, même si je n'avais pas tout à fait compris comment il s'y était pris. J'ai également souligné à quel point j'étais impressionné, non seulement par sa détermination à éviter de se faire virer de l'école, mais aussi par son apparente certitude de pouvoir y parvenir. Je me demandai ce qu'il ferait pendant les vacances pour se préparer à cette tâche difficile. Il m'a semblé important de ne pas établir de lien explicite entre le sang-froid de Colin sur un terrain de football et le sang-froid exigé à l'école, bien que le lien soit implicite. Mon intention était de lui montrer que je le prenais au sérieux sans insinuer que je pensais qu'il devrait changer de comportement.

Pour l'école et pour les autres il devait « faire preuve de lucidité, comprendre et se repentir ». Pour Colin, ce qui avait un sens, c'était « ne pas être renvoyé de l'école ». Il était essentiel que j'y adhère.

Deuxième séance

Deux semaines plus tard, sa mère me signala que Colin se montrait un peu plus coopérant à la maison. Cela m'intriguait car je ne savais pas très bien quel lien établir avec son désir de rester à l'école. Nous[1] avons essayé de mettre en valeur ces changements chez Colin en examinant dans le détail comment il avait pu y arriver, sans toutefois nous laisser

1 Kate Kowalski m'a rejoint pour la deuxième séance et celles qui ont suivi.

emporter à des félicitations excessives. Il nous expliqua qu'il avait fait en sorte que « sa mère lui fiche un peu la paix ». Encore une fois, Colin modifiait sa conduite pour arriver à ses fins.

Colin avait également travaillé dans l'entreprise de son beau-père pendant les vacances. Il n'avait jamais encore pu le faire jusque-là parce qu'il était trop turbulent et qu'on ne pouvait pas lui faire confiance. Sur ce point aussi nous nous interrogeâmes sur ce changement et sur sa façon de s'y prendre pour obtenir ce résultat.

Nous avons en grande partie consacré cette séance à nous étonner de ces changements et de leur signification, laissant Colin nous raconter en détail tout ce qu'il avait fait de différent. Nous l'avons longuement questionné sur sa façon de faire, les difficultés qu'il avait rencontrées, les moments où il avait failli perdre son sang-froid et comment il l'avait évité, etc. Comme il nous expliquait que sa nouvelle attitude lui avait valu d'être traité différemment, nous avons enchaîné en disant qu'il semblait se « soucier beaucoup de l'avis des autres », et donc qu'il « devrait se soucier de ce qu'il pensait de lui-même ».

Pour conclure la séance, nous lui avons demandé en quoi ces changements lui seraient utiles pour être accepté à l'école.

Séances suivantes

La troisième séance ressembla à la deuxième, en ce sens que la mère nous raconta que Colin ne cessait de faire des progrès à la maison, ajoutant qu'il semblait « plus mûr ». Ici encore, nous avons pris garde de ne pas nous montrer trop enthousiastes à propos de ces changements et nous avons préféré consacrer beaucoup de temps à interroger Colin sur ces changements et comment il les avait réalisés et ce qu'ils signifiaient pour lui.

Les réponses de Colin laissaient entendre que c'était toujours pour lui en grande partie un moyen d'arriver à ses fins, bien qu'il fit remarquer à plusieurs reprises que les choses « étaient mieux ainsi ». Malgré la tentation d'interpréter ses commentaires comme un « changement évident d'attitude », nous avons pensé que nous risquions de tout faire échouer en agissant ainsi. Tout en nous demandant ce que ses nouvelles idées pouvaient bien signifier, nous avons continué à nous focaliser essentiellement sur les « manifestations » de ces changements et à étudier leurs conséquences en détail.

Nous avons mis l'accent sur certains thèmes qui émergeaient de ses réponses – « se soucier de ce qu'il pensait de lui-même », « faire attention à ne pas s'attirer d'ennuis » et « être capable de s'y tenir ».

Durant la quatrième séance, nous avons beaucoup discuté de son retour à l'école. Nous devions rédiger un rapport pour l'école et nous avons demandé à Colin ce que, d'après lui, nous devrions écrire.

Il répondit d'abord : « Dites-leur de me laisser revenir ». Nous lui avons fait comprendre que ce n'était pas aussi facile, et lui avons demandé ce que nous pourrions inclure dans le rapport qui pourrait convaincre l'école de le laisser revenir. C'est ainsi que nous avons passé la séance à rédiger ensemble ce rapport, donnant à Colin ainsi l'occasion de passer en revue tous les changements qu'il avait accomplis. C'était intéressant qu'il décrive ses changements d'attitude et de comportement, et qu'il les considère dignes d'intérêt pour l'école.

Nous avons aussi dit franchement à Colin qu'il lui serait difficile de faire face à sa « réputation » et aux enseignants qui s'attendaient à ce que ces changements ne durent pas ; nous l'avons incité à nous dévoiler ses plans pour affronter ce problème. Pour son retour à l'école, nous avons cherché à mettre au point une procédure pour inciter l'équipe scolaire à réagir aux manifestations de changement au lieu de ne relever que ses écarts de conduite (voir le chapitre 13).

Son attitude a-t-elle changé ?

Dans ce cas, nous n'avons à aucun moment cherché à encourager Colin à trouver des explications à son comportement dans le but de modifier son attitude. Nous n'avons pas essayé de le forcer à reconnaître qu'il s'était mal conduit et à en éprouver des remords. Bien au contraire, nous avons pris au sérieux sa façon très pragmatique d'expliquer pourquoi il pouvait se comporter différemment.

Certains pourraient craindre que cette approche ne « renforce » l'attitude de Colin, l'incitant à penser que son comportement était acceptable puisqu'il s'en tirait à bon compte. D'autres pourraient penser qu'une approche qui ne cherche pas à apporter une nouvelle compréhension risque d'aboutir à des changements éphémères et superficiels.

Mais Colin était « immunisé » depuis longtemps contre les arguments des adultes qui voulaient le faire changer. Si notre programme avait ressemblé à celui du lycée ou de quiconque, il aurait persisté dans son attitude « provocatrice » et la thérapie aurait tourné à l'affrontement. Selon notre règle de conduite, toute intervention avec un client ne peut être efficace que si le projet a du sens pour lui, sans se soucier de l'opinion des autres.

De plus, notre façon de nous appuyer sur les compétences de Colin en utilisant son propre projet, lui fournissait l'occasion de commencer à se voir différemment. Il a entrevu l'éventualité de se comporter autrement comme une réelle possibilité, ce qui était, en soi, la naissance d'une attitude différente. En commençant à se comporter différemment au collège, et en fonction des réactions ainsi induites chez les parents et les enseignants, il y avait toutes les chances que se renforce non seulement son nouveau comportement mais aussi la nouvelle image de lui-même qu'il commençait à se forger. Cette nouvelle attitude pourrait donc ainsi se généraliser, et j'espérais qu'à la longue, cela cesserait d'être uniquement un moyen d'arriver à ses fins. (De surcroît, au bout du compte, s'il devait continuer à bien se comporter en classe et finissait par décrocher son brevet, tout ça uniquement pour rester dans l'équipe de football, qui irait dire que ça n'avait pas été utile ?)

CHAPIRE 6 —
Le déséquilibre des responsabilités

Des relations habituelles entre élèves et adultes

De nombreux sujets de conflits entre parents et enfants, entre enseignants et élèves, se rapportent à la question de la responsabilité. En tant qu'adultes mûrs, ayant de l'expérience, nous voulons que nos enfants ou nos élèves se montrent matures et responsables. Les adultes sont souvent amenés à prendre de plus en plus de responsabilités afin d'encourager les enfants et les adolescents à prendre plus de responsabilités dans leur vie.

> Un jour, j'ai reçu un adolescent et ses parents qui sollicitaient mon aide pour des difficultés de longue date concernant son manque de coopération, son esprit de contradiction, et quelques bêtises pas très honnêtes. Les parents étaient manifestement très déçus, désespérés que leur fils ne « se réveille pas » et « ne se rende pas compte qu'il était temps qu'il soit un peu plus responsable de ses actes ». Ils avaient fait de gros efforts pour essayer de l'en convaincre.
>
> À un moment, son père a dit : « Il faut que nous soyons sans arrêt derrière lui, sans quoi il ne fait *rien du tout*. Vous ne me croiriez pas si je vous disais à quel point nous devons surveiller la moindre des choses qu'il est censé faire, même la plus élémentaire. »
>
> L'adolescent s'écria : « Derrière moi ? C'est à peine croyable. Ils me harcèlent, me harcèlent... ils n'arrêtent pas. »
>
> « C'est vrai, » dit le père, « mais si nous n'étions pas toujours derrière toi, tu ne ferais rien. Par exemple... (Il se tourne vers moi)... le croiriez-vous ... il ne s'est même pas brossé les dents hier soir ! »
>
> À voix basse, l'air maussade, le jeune homme dit : « Oui, mais vous ne m'avez pas dit de le faire hier soir. »

> Sur le ton de la plaisanterie, je dis aux parents que, lorsque leur fils aurait 35 ou 40 ans, ils devraient peut-être lui téléphoner tous les soirs pour lui rappeler de se brosser les dents. Puis j'ai laissé entendre qu'il était compréhensible qu'ils se soucient de ses dents. S'ils cessaient de le rappeler à l'ordre, je ne pouvais pas garantir qu'il ne perdrait pas toutes ses dents. Cependant, s'ils continuaient dans ce sens, je pouvais garantir qu'il n'apprendrait *jamais* à s'en rappeler par lui-même.

Voilà un exemple classique du déséquilibre des responsabilités qui caractérise si souvent les problèmes avec les enfants, et plus particulièrement avec les adolescents. Je ne considérais pas ces parents comme déraisonnables ou « trop impliqués », comme le feraient certaines approches en thérapie familiale avec leurs théories « d'enchevêtrement » ou de « parents trop impliqués » ou la théorie qui veut que les parents bénéficient d'une façon ou d'une autre des problèmes de leur enfant (par exemple en étant obligés de se parler). Non, il était clair qu'ils s'inquiétaient sincèrement pour le bien-être de leur fils (et pour leurs frais de dentiste !). Cependant, ils s'étaient enfermés dans un schéma dans lequel ils assumaient de plus en plus la responsabilité du comportement de leur fils, tandis que ce dernier semblait prendre de moins en moins la responsabilité de ses agissements.

En considérant la situation sous l'angle des schémas d'interactions, il apparaît que plus ces parents incitaient leur fils à faire preuve d'un comportement responsable, plus ce dernier se montrait irresponsable. Quelles qu'aient été leurs motivations et leurs bonnes intentions, ce schéma s'était si bien installé que, dans le domaine des responsabilités, c'était eux qui « faisaient le boulot », laissant peu d'occasions à leur fils de faire preuve d'un véritable sens des responsabilités.

Cade (1989), quant à lui, demande : « Pourquoi achèteriez-vous un chien et aboieriez-vous vous-même ? ». Pour lui,

> Si une personne prend trop de responsabilité, c'est comme si elle prenait plus que sa part de la responsabilité totale disponible dans la relation, si bien que l'autre en prend moins ou réagit par un comportement inverse, à savoir par l'incompétence ou l'irresponsabilité. Si vous achetiez un chien et que malgré tout, vous vous obstiniez à aboyer chaque fois que quelqu'un frappe

> à votre porte, pourquoi le chien ferait-il autre chose que dormir et manger des gâteaux ? Déjà, considérer l'autre comme incompétent ou irresponsable devient une raison suffisante pour prendre plus de responsabilités, et donc plus d'une chose amène plus de la même chose, etc. ; on se fixe alors dans un certain état d'esprit et cela peut devenir très rapidement une attitude figée.
>
> Tandis que celui qui assume trop de responsabilités s'investit de plus en plus, l'autre éprouve peut-être de plus en plus des sentiments de colère, de discrédit et de culpabilité ; il a toutes chances de devenir alors de plus en plus incompétent ou irresponsable, laissant ainsi son partenaire prendre de plus en plus de responsabilités. (Cade, 1989, p. 115.)

C'est l'expérience qui nous a rendu adulte, et nous voulons que les enfants et les adolescents dont nous nous occupons aient la même notion de responsabilité et la même conscience des conséquences quand ils ne sont pas responsables de leur propre comportement.

Ainsi, quand nous réfléchissons aux difficultés entre les enfants et les adultes, nous devrions être attentifs à ce genre de schéma. C'est un exemple particulier des modèles d'interactions qui entretiennent un problème que nous devons rechercher lors de notre « évaluation » de la situation ; ce n'est qu'un modèle parmi tant d'autres, mais c'est l'un de ceux que nous rencontrons le plus fréquemment.

Ces problèmes de responsabilités peuvent se manifester dans les conflits qui s'aggravent entre adolescents et adultes, quand les adultes font de plus en plus d'efforts pour encourager l'adolescent à se montrer responsable, mais sont de plus en plus déçus que l'adolescent se montre de moins en moins responsable. Ou bien, ces schémas peuvent se manifester quand un adolescent persiste dans son attitude « irresponsable », attitude malencontreusement favorisée par les adultes qui le « protègent » des conséquences de ce comportement.

> Une de mes collègues m'a raconté qu'elle avait fait une conférence devant le personnel d'une école sur les schémas de « responsabilité - irresponsabilité » qui semblaient si fréquents. Des murmures d'approbation ponctuaient ses propos.
>
> Tandis qu'elle parlait, on frappa à la porte. Un élève entra et dit qu'il avait oublié son déjeuner. Plusieurs enseignants firent

> des commentaires du genre « Quoi, encore ? » Malgré ça, ma collègue me rapporta que six mains au moins plongèrent immédiatement dans leur poche respective et offrirent de quoi payer le repas.

Ici encore, cela partait d'une bonne intention. Dans bien des cas, que les enseignants prêtent de l'argent à un élève qui a oublié son déjeuner est un geste tout à fait correct et serviable. Cependant, si l'élève est devenu un « oublieur chronique de son déjeuner », et s'il pense avec confiance que « c'est pas grave... ils me donneront de l'argent pour l'acheter », rien ne l'oblige vraiment à changer de comportement. Même (ou surtout) si l'argent s'accompagne de sermons du genre « essaye de t'en rappeler la prochaine fois », l'élève n'ayant pas eu à faire face aux conséquences de son oubli, il y a donc de fortes chances pour qu'il ne s'en rappelle pas la prochaine fois.

> L'une des professeurs de mon fils a un jour fait remarquer que, quoiqu'en progrès dans le domaine de la lecture, il faisait partie de cette catégorie d'élèves qui oublie d'apporter son livre de lecture en classe. Inquiète qu'il prenne du retard sur les autres élèves, elle me suggéra de faire mon possible pour m'assurer qu'il pense à son livre tous les jours. Je lui fis remarquer qu'il y avait peu de chances que mes remarques incessantes ou mes rappels à l'ordre soient susceptibles d'avoir le moindre effet et que le seul moyen de m'assurer qu'il amène son livre serait de vérifier son cartable une fois qu'il dormait, et d'y mettre le livre moi-même. Je n'étais pas sûr de lui rendre service à long terme et nous courrions le risque de voir s'installer un schéma que nous pourrions regretter plus tard. Je lui expliquai alors que je préférais *ne pas* prendre la responsabilité qu'il amène son livre, mais qu'elle avait tout mon soutien pour infliger les sanctions appropriées pour son étourderie.

Il est compréhensible, mais regrettable, que les écoles demandent aussi souvent aux parents d'assumer la responsabilité de la (mauvaise) conduite de leurs enfants. Bien trop souvent, cela ne fait que transférer le conflit de l'école à la maison, sans vraiment s'attaquer au problème.

L'expérience m'a montré que les enfants et les adolescents changent généralement d'attitude quand les adultes cessent d'assumer les responsabilités de leur comportement.

Une fille de seconde m'a dit un jour : « Ne comprennent-ils pas que s'ils arrêtaient de me gronder sans cesse pour que j'étudie, je le ferais probablement ? » Bien sûr, « probablement » était un mot important dans ce cas ! Etant donné l'escalade qui s'était développée, je pensais qu'elle *travaillerait* certainement mieux si ses parents arrêtaient de l'y pousser, mais je ne pouvais pas le garantir. Par contre, j'étais absolument certain de *pouvoir* garantir qu'elle continuerait à *ne pas* travailler s'ils persistaient dans cette voie.

CHAPITRE 7 — Intervenir sur les problèmes de comportement

LE RECADRAGE

Le recadrage est un des fondements des thérapies brèves. Dès lors qu'on « voit » les choses d'une certaine façon, on a tendance à continuer à les voir ainsi, et cette perception détermine notre comportement. Le recadrage permet d'envisager la situation sous un angle nouveau, ce qui peut déboucher sur des réactions différentes.

> Pour nous, le recadrage est l'opération la plus essentielle et la plus indispensable du processus de changement. Toute autre opération est secondaire, qu'elle encourage le processus ou au contraire qu'elle le bloque, et peut être considérée comme un accessoire reflétant les croyances particulières des thérapeutes et les préjugés sur la thérapie et la nature du changement. (Accessoires pas forcément inutiles dans la thérapie, mais parfois inutiles pour clarifier la théorie.) (Cade et O'Hanlon, 1993, p.113 -114.)

De Shazer (1991) présente un cas pittoresque issu de sa pratique, cas d'un couple dont la femme était « devenue nymphomane » et avait besoin de relations sexuelles tous les soirs avant de s'endormir.

Le thérapeute ne parvint pas à axer la discussion sur les exceptions au problème car la femme ne pouvait reconnaître ces circonstances comme des exceptions. Elle avait pu s'abstenir de rapports sexuels durant deux nuits, mais elle ne trouvait pas que c'était très positif de s'obliger à ne pas satisfaire cette irrésistible pulsion – car le problème, c'était la pulsion en elle-même. Quand le thérapeute s'intéressa au désespoir du couple, le mari évoqua la fatigue que ce problème engendrait, car sa femme ne pouvait pas s'endormir sans relations sexuelles. Au cours de la discussion, le problème fut redéfini comme étant de « l'insomnie ».

Cette description n'évoquait pas une pathologie sérieuse et permettait au thérapeute et à ses clients d'avancer et d'orienter la thérapie sur

Interventions pour provoquer le changement

Le recadrage (modifier la perception du problème)

• pour l'élève : un nouveau point de vue de la situation peut entraîner un comportement différent ;

• pour l'enseignant : un nouveau point de vue de la situation peut aboutir à des réactions différentes.

Interrompre le schéma du comportement (modifier « la façon de faire » le problème)

• introduit un (petit) changement dans la séquence habituelle des événements qui entourent le problème ;

• des petits changements induisent de plus grands changements ;

• un petit changement délibéré amène une attitude qui serait « inconsciente » à être sous contrôle conscient.

Les tâches d'observation

• permettent de rechercher ces moments où vous réussissez, où les choses vont bien, où vous faites quelque chose de différent ;

• apportent des informations sur les succès, à partir desquelles il est possible de construire, et orientent le client vers le succès.

S'entraîner à réussir (ou entretenir le succès)

• faire plus de ce qui marche, en construisant à partir des exceptions ou des changements qui ont précédé la séance ;

• mettre en pratique les petites étapes qui font partie de la solution.

Les tâches de simulation

• faire « comme si » le miracle/la solution/l'objectif a été atteint :

• permettre aux clients de se comporter différemment, permettre aux autres d'être attentifs aux changements, et ajouter un peu d'humour.

Faire quelque chose de différent

• introduire une dose d'imprévisibilité ;

• lorsque tout le reste a échoué, faire quelque chose de différent.

les moyens de s'endormir plutôt que sur les moyens d'éviter les rapports sexuels.

Kral (1986) cite un professeur qui redéfinit le *comportement perturbateur* d'un élève qui parle en classe, comme un signal que l'enseignant va trop vite pour que la classe puisse suivre, attribuant ainsi une intention plus utile (même si elle n'est pas judicieuse) à ce comportement. Il cite également un conseiller psychopédagogique qui explique à un enseignant que la *passivité* d'un élève, son manque de participation, était plutôt une manifestation de rêverie que de résistance ; le professeur se montra alors plus patient.

Molnar et Lindquist (1989, p.48) donnent l'exemple, déjà cité, d'un groupe de garçons qui, chaque matin, entraient bruyamment en classe et continuaient à s'interpeller à voix haute à travers la pièce, comparant leurs impressions sur les programmes télévisés de la veille, sans faire leur travail. Le professeur aurait pu « définir » cette conduite comme un comportement délibérément provocateur ou comme une excuse pour ne pas travailler, ce qui l'aurait amené à chercher par n'importe quel moyen à contrôler la situation, et probablement à une escalade du « conflit ». Mais cette enseignante fut capable de recadrer ce comportement (au départ, dans son for intérieur) de façon à lui donner un caractère plus anodin. En envisageant les garçons comme de bons amis qui avaient besoin d'affirmer leur amitié en « se retrouvant entre eux », la situation n'avait plus à se présenter comme une lutte de pouvoir. Lorsqu'elle a adopté cette nouvelle perspective, leur comportement ne signifiait plus la même chose et ils se calmèrent peu à peu.

Bien sûr, il faut souligner ici encore que nous envisageons des situations qui sont « bloquées ». Cela ne veut pas dire que les enseignants ne doivent pas chercher à maîtriser à l'occasion des comportements problématiques. Cependant, dès lors qu'on est dans une impasse, il est indispensable d'adopter une nouvelle perspective.

Cade (1990) démontre par exemple combien l'étiquette d'enfant « hyperactif » peut être limitante, car elle laisse impuissant face à ce genre de comportement. En recadrant l'enfant comme « plein d'énergie », on se donne la possibilité de canaliser cette énergie.

Exemples de recadrage

perturbateur, peu coopératif............	maladroit, peu sûr de lui
participant peu, passif......................	rêveur, circonspect
fainéant	tranquille, prend son temps
professeur exigeant, critique...........	convaincu que les élèves peuvent faire des étincelles
parents non impliqués, indifférents	parents confiants dans les compétences de l'école

Certains pourraient soutenir qu'il est simpliste de recadrer de cette façon : « Tout le monde SAIT qu'il est paresseux, il ne sert donc à rien de dire qu'il est réservé et qu'il prend son temps ! ». Bien sûr, comme pour toute intervention, le recadrage doit être suffisamment adapté à la situation pour être accepté. Cependant, étant donné qu'il y a plusieurs « vérités » possibles à propos d'une situation ou d'un comportement, un recadrage peut souvent faire une différence, même si les gens sont sceptiques dans un premier temps.

En fait, cela fait des années que les enseignants redéfinissent les comportements, ne serait-ce qu'implicitement. La plupart d'entre eux savent qu'un élève dissipé réagira souvent favorablement si on lui confie une tâche ou une responsabilité « spéciale ». Dans un sens, c'est comme si on recadrait implicitement le comportement comme une « impatience à participer » ou « un manque d'occupation » plutôt que de réagir comme si la mauvaise conduite était délibérée.

Molnar et Lindquist (1989) présentent plusieurs situations où un enseignant a simplement décidé de redéfinir en son for intérieur le comportement d'un élève. La plupart du temps, l'enseignant ou le conseiller psychopédagogique redéfinira le comportement à l'élève, peut-être comme une explication pour y réagir différemment (« Je me rends compte combien il est important pour toi de pouvoir répondre aux questions en classe, j'ai donc décidé de préparer cinq questions exprès pour toi à chaque cours »).

INTERROMPRE LE SCHÉMA DE COMPORTEMENT

Le M.R.I. attache une importance toute particulière à l'idée que les problèmes sont entretenus par des schémas de comportement ou d'interactions. Nos existences sont toutes réglées par des schémas, c'est-à-dire que beaucoup de nos actes se produisent selon les mêmes règles et les mêmes séquences d'actions. Ainsi, les comportements nous deviennent-ils familiers et « automatiques ». Sans ces schémas, nos vies seraient chaotiques ; ils fournissent stabilité et régularité, et ne sont pas un problème en eux-mêmes. Cependant, quand des difficultés surviennent, elles ont tendance à persister car elles s'inscrivent dans des schémas qui se figent.

> Pour la stabilité, ils paient le prix de la rigidité, vivant, comme tous les êtres humains, dans un réseau terriblement complexe de présuppositions qui se renforcent mutuellement... le changement nécessitera divers assouplissements ou diverses contradictions au sein du système de présuppositions. (Bateson, 1979, pp. 158-159)

Ce qui signifie que les schémas en jeu dans le comportement sont en rapport avec les croyances et les présupposés qui nous servent de bases pour donner un sens à notre expérience. Nous pourrions introduire un « assouplissement ou une contradiction » au sein du réseau en modifiant la perception du problème (comme dans le recadrage) ou en modifiant le schéma ou la séquence elle-même, car le fait d'interrompre le schéma mène nécessairement à un changement dans la façon de voir les choses.

Erickson « conseillerait une intervention qui modifierait un aspect du complexe symptomatique... Dès que... le client [change] un aspect du symptôme, il peut être capable d'en modifier d'autres aspects. Cela pourrait aboutir en fin de compte à la résolution du problème. » (O'Hanlon, 1987, p.33)

L'intervention sur les schémas peut porter sur un individu (on peut dire à une personne qui fume toujours en regardant la télévision que, si elle a envie de fumer, elle doit le faire uniquement en promenant son chien), ou sur une interaction (un enseignant qui réagit *toujours* à l'impertinence d'un élève en lui reprochant son insolence s'attire d'autres réflexions suivies d'autres sermons sur les bonnes manières, etc.; on peut lui conseiller de féliciter cet élève pour son sens de l'humour).

L'aspect essentiel de toute intervention sur les schémas de comportement consiste à découvrir la séquence *typique* du problème comportemental, puis de la modifier ou d'y ajouter quelque chose.

O'Hanlon raconte une intervention d'Erickson avec un jeune garçon qui suçait son pouce. Lorsque Erickson remarqua que le garçon suçait toujours son pouce gauche, il lui demanda d'accorder « le même temps » au pouce droit... et, ensuite, aux autres doigts (O'Hanlon, 1987, p. 38). C'est une bonne illustration de l'utilisation de ce type d'intervention sur des comportements qui apparaissent comme des « habitudes », car modifier le schéma fait passer le comportement sous un contrôle conscient.

Molnar et Lindquist (1989, p. 102) citent le cas d'un élève qui répondait à tout bout de champ en classe, ce qui, pour l'enseignant, était destiné à « se faire remarquer » ; par conséquent, l'enseignant réagissait en l'ignorant, incitant l'élève à continuer de plus belle. Ils lui ont suggéré d'interrompre ce schéma habituel en demandant à l'élève d'aller s'asseoir à un bureau spécial (le « bureau des réponses ») avant de répondre aux questions, ou bien d'écrire la réponse avant de la dire à voix haute.

J'ai vu une séance au cours de laquelle Steve De Shazer modifiait légèrement le schéma de comportement « reproches-sermons » d'une mère à son fils qui s'en moquait éperdument. Il a demandé à la mère d'écrire ses « reproches » et de les donner à son fils sans dire un mot. De Shazer lui aurait simplement demandé de « lâcher son fils », elle aurait sans doute objecté qu'il était important qu'elle le punisse pour lui apprendre à bien se tenir. La prescription de De Shazer laissait entendre qu'elle était toujours capable de « faire passer son message », mais le schéma de confrontation était interrompu.

Molnar et Lindquist (1989, p. 106) donnent un autre exemple d'une situation bloquée entre une enseignante et une élève qui « refusait » de faire du calcul mental et posait l'opération la plus élémentaire sur des bouts de papier. Au lieu de l'obliger à faire du calcul mental, l'enseignante finit par recadrer la situation en se disant que « l'élève se souciait d'avoir toujours tout juste » et elle lui demanda d'utiliser un cahier spécial, sur lequel elle s'assurerait de noter *tous* les éléments de *chaque* problème, et de le montrer à un autre professeur pour qu'il vérifie. La modification dans son schéma a consisté à échanger les bouts de papier contre un cahier spécial, et à la faire rédiger en vue d'une vérification au lieu de gribouiller en cachette. L'élève décida finalement qu'il était beaucoup plus rapide de faire du calcul mental.

Il est évident que pour chacun de ces exemples, ce modèle d'intervention pour les schémas de comportement impliquait la demande directe de faire quelque chose d'une façon différente. Par conséquent, il revenait au conseiller psychopédagogique de faire en sorte d'établir une relation et une coopération telles que le client soit un « acheteur ». Que nos suggestions pour interrompre un schéma de comportement s'adressent aux enseignants, aux élèves ou aux parents, notre proposition doit sembler logique, ce qui nécessite d'avoir un projet concret, d'établir une relation, et peut-être de recadrer des situations.

LES TÂCHES D'OBSERVATION (noter ce qui est différent)

De Shazer et Molnar (1984) ont présenté ce qu'ils appellent « Les quatre interventions utiles en thérapie familiale brève ». La première s'est révélée tellement efficace qu'elle a fini par devenir la « tâche-formule de première séance », car il s'agit d'une tâche très efficace à prescrire à la fin de la première séance, quel que soit le client ou presque.

> *À partir d'aujourd'hui et jusqu'à notre prochaine rencontre, nous voulons que vous observiez, de façon à nous en parler la prochaine fois, tout ce qui se passe dans votre famille et que vous voudriez voir se poursuivre.* (1984, p. 298)

De Shazer (1985) décrit cela comme un « passe-partout » qui peut ouvrir la porte du changement, car la tâche est efficace, même si on n'a pas évalué précisément le problème ou même si le problème n'est pas clairement identifié. En fait, cette tâche présume qu'il est plus utile en thérapie d'identifier tout ce qui va *bien*, et de chercher ensuite à construire à partir de là.

Les exceptions sont des bases solides pour le changement, et cette tâche invite à rechercher les exceptions. Combien les choses vont mal, telle est souvent la préoccupation des gens quand ils arrivent en thérapie, et cette préoccupation colore leur point de vue dans tous les domaines.

Une tâche qui leur demande de se focaliser sur ce qui va bien les aide à réorienter leur point de vue sur la situation, et fournit au conseiller psychopédagogique des étapes positives qui pourront faire l'objet d'une discussion à la prochaine séance.

Dans le cas d'une petite fille qui avait un problème « obsessionnel et compulsif », ayant redéfini la situation comme « les peurs te donnent des ordres », mon intervention à la fin de la première séance s'est présentée ainsi:

> Je te propose tous les soirs, ou tous les deux soirs, de t'asseoir avec ta maman ou ton papa ou tous les deux, et de te demander : « Est-ce qu'il m'est arrivé aujourd'hui de ne pas faire ce que les peurs voulaient me faire faire ? » « Est-ce qu'il y a eu des moments aujourd'hui où je leur ai donné des ordres, ne serait-ce qu'un peu ? » Peut-être seras-tu capable d'en trouver quelques-uns, et peut-être que ton papa et ta maman seront capables d'en trouver que tu n'avais même pas remarqués. Parce que nous savons bien que ces peurs n'aiment pas que tu penses aux moments où tu les mènes à la baguette. J'imagine qu'elles redoutent que tu ne te sentes trop forte. Donc tu dois penser à ces fois où tu ne leur as pas cédé complètement, où tu ne les as pas tout à fait laissées faire ce qu'elles voulaient de toi. (Durrant, 1989, p. 22.)

Les parents et l'enfant s'étaient laissé submerger par l'apparente omniprésence du problème. Cependant, il n'est rien qui se produise 100% du temps, et je pensais qu'à de nombreuses occasions, même d'une façon infime, cette petite fille gérait les choses différemment. Cette intervention visait à « orienter » la famille dans la recherche de ces moments, car s'ils arrivaient à les identifier, cela influencerait leur point de vue de la situation et, de la même façon, leurs perspectives de réussite.

> Alors que j'écrivais ce livre, j'ai rencontré une famille dont les parents et l'adolescente (en seconde) se disputaient constamment sur certains points comme les devoirs à la maison. Evidemment, une étude plus approfondie de la situation a révélé que ce conflit se répétait à bien d'autres occasions – ranger sa chambre, écouter ses parents, consacrer du temps à ses jeunes frères et

sœurs, etc. Je pensai que ses parents voulaient que, d'une façon ou d'une autre, je la « remette d'aplomb ». Sans doute pensaient-ils que je pourrais « la persuader de revenir à la raison », ce en quoi ils avaient échoué. Il m'a semblé qu'il y aurait peu de chances qu'ils réagissent positivement à la suggestion directe de faire quelque chose de différent.

Après avoir pris soin de valider leur déception et leur inquiétude quant à l'avenir de leur fille, j'ai conclu la séance en leur demandant de se montrer attentifs, au cours de la semaine suivante, au moindre signe, aussi petit soit-il, qui prouverait sa capacité à se montrer plus responsable. Je leur ai expliqué que, d'après moi, la thérapie agirait plus rapidement si on trouvait des éléments sur lesquels « construire », plutôt qu'en élaborant de nouveaux comportements à partir de rien, et les informations qu'ils m'apporteraient seraient essentielles pour nous donner une direction. Ils semblèrent satisfaits de cette explication et contents de mettre la tâche à exécution.

Environ une semaine plus tard, la famille revint en consultation et les parents semblaient un peu moins affolés par la situation que lors de notre première entrevue. Ils avaient « découvert » qu'à plusieurs reprises leur fille avait accompli des tâches ménagères sans qu'on ait besoin de le lui commander ou de le lui rappeler. Quand je leur ai demandé s'ils avaient une explication à cela, ils répondirent qu'ils ne savaient pas trop : peut-être avait-elle commencé à changer ? J'ai étudié dans le détail ces épisodes et les différences qu'ils avaient provoquées, et il semblait que les parents avaient en fait un peu « mis un frein » à leurs incessants reproches. L'examen minutieux de toutes les différences qu'ils avaient observées avait pour but de les rendre plus « réelles ». En fait, ils arrivaient avec une liste d'événements particuliers et mon objectif était de les aider à considérer leur fille différemment en se basant sur ces événements.

Les tâches d'observation de ce genre peuvent s'avérer très utiles et peuvent mener à des changements surprenants. On peut les prescrire à des individus pour s'observer eux-mêmes, ou pour observer les autres parties en jeu, et on peut les adapter de manière à ce qu'elles correspondent à une situation spécifique.

- Observez ce qui se passe quand vous gardez votre sang-froid.
- Restez attentif à tout ce que vous faites qui va dans la direction de ce que vous souhaitez.
- Voyez si vous pouvez surprendre des moments où votre professeur n'est pas sur votre dos et notez ce que vous faites de différent dans ces moments-là.
- Soyez attentif aux moments où elle semble un tant soit peu plus conciliante.
- Notez, pour me le raconter la prochaine fois, ce que vous faites lorsque vous maîtrisez cette forte envie de frapper quelqu'un.

Bien entendu, ces questions supposent que ces succès *se produiront,* et elles *aident* donc le sujet à s'orienter vers le succès.

S'ENTRAÎNER À RÉUSSIR (OU ENTRETENIR LE SUCCÈS)

« Si ça marche, continuez à le faire » : voilà l'un des principes clés de la thérapie brève. Dès qu'on a mis en évidence, lors d'une séance, les caractéristiques des exceptions et des succès déjà existants, et qu'on a étudié en détail ce que le client a fait pour les réaliser, il est surprenant de voir que l'intervention se résume, la plupart du temps, à encourager le client à continuer d'agir dans ce sens.

Comme le suggère De Shazer : « Maintenant que vous savez ce qui marche, faites-en davantage. » (1988, p.xiii.)

> Un élève est venu me parler des difficultés qu'il rencontrait avec ses camarades. Il était l'objet de nombreuses taquineries et d'insultes et il lui semblait que cela se répercutait sur son travail scolaire. Comme il en arrivait souvent à se mettre en colère, c'était lui qui finissait la pause-déjeuner dans le bureau du directeur. Je l'ai questionné à propos de « la dernière fois où il t'a semblé que tu maîtrisais un peu mieux les choses » et il me

parla d'un incident au cours duquel il avait réussi à ignorer les réflexions qu'on lui faisait. Alors que nous explorions cette exception, il m'expliqua que cette réaction différente était plus le résultat du désespoir que d'une stratégie qu'il aurait élaborée ; néanmoins, au fur et à mesure que nous parlions, il « réalisa » que les autres élèves avaient cessé de l'embêter. Il se rappela aussi qu'un jour il avait pris l'initiative de parler à l'un d'entre eux de choses sans rapport avec les taquineries, et que cet élève s'était montré relativement amical. Cette fois non plus, il ne s'en était pas vraiment rendu compte sur le coup : il avait besoin d'aide pour faire ses devoirs et cet élève était la seule personne de sa classe près de lui à ce moment-là. Cependant, c'est au cours de notre conversation qu'il s'est rendu compte qu'en prenant ainsi l'initiative, il avait abouti à un autre type de relation avec cet élève.

Je lui ai suggéré de continuer à essayer d'ignorer les remarques, puisqu'il avait découvert par lui-même que ça marchait. Je lui ai également conseillé de s'efforcer volontairement de parler tous les jours à *l'un* de ses camarades. Il n'avait pas besoin de s'engager dans une longue conversation, sans pour autant se contenter de lui demander l'heure – l'important, c'était qu'il prenne l'initiative de la conversation.

Lorsqu'il est revenu, il m'a raconté qu'il n'avait pas eu besoin de s'efforcer d'ignorer les moqueries, car elles avaient « miraculeusement » cessé. Les relations avec les quatre ou cinq élèves qui avaient été ses principaux bourreaux s'étaient améliorées (bien qu'il soit convaincu qu'ils ne seraient jamais de vrais bons amis) et il se sentait plus sûr de lui à l'école. Je ne saurais dire exactement si le fait d'engager la conversation avait interrompu le schéma de comportement et résolu le problème, ou si, en fait, il avait ignoré les moqueries et qu'il y avait tellement réussi qu'il ne s'en était pas aperçu, ou si l'impression de connaître des stratégies lui avait donné suffisamment confiance pour ne plus susciter de moqueries.

Cela semble un peu trop facile, mais l'inconvénient de notre formation, c'est qu'elle nous amène souvent à ignorer ce qui est simple. L'important, c'était que les stratégies qu'il avait décidé d'utiliser découlaient de notre discussion sur ce qu'il avait déjà fait. Si je lui avais conseillé d'essayer certaines stratégies, il n'aurait sans doute pas été aussi sûr de lui.

Une découverte élémentaire, mais pas moins surprenante, c'est que les clients ont souvent déjà commencé à résoudre leurs problèmes. Weiner-Davis et al. (1987) demandaient systématiquement à leurs clients quels changements ils avaient remarqués entre le moment où ils avaient fait une demande de thérapie ou pris un rendez-vous et la première séance. Dans 67% des cas, les clients étaient à même de signaler que les choses s'étaient améliorées, à un degré ou à un autre, même s'ils n'avaient pas tendance à parler de ces changements, à moins qu'on ne les y invite. On peut demander aux élèves ce qu'ils ont observé de différent à partir du moment où ils ont pris rendez-vous chez le conseiller psychopédagogique, ou on peut demander aux enseignants ce qui a été différent depuis le moment où ils ont sollicité l'aide d'un conseiller psychopédagogique. On ne doit pas rejeter de tels changements comme s'ils étaient des aberrations ou des coups de chance, il faut au contraire les étudier en détail et s'en servir de point de départ. Ils ne deviennent significatifs que si nous les rendons significatifs.

> Abigail, âgée de 15 ans et en classe de seconde, nous a été adressée suite à d'incessants conflits avec ses professeurs, ce qui avait abouti à une menace d'exclusion. Sa mère, très déçue que sa fille n'arrive pas à « devenir raisonnable », nous précisa que sa fille était très intelligente et indépendante (qualités qui « l'aidaient » à s'attirer des problèmes) et qu'elle devrait être capable de trouver comment mieux se comporter.
>
> Après une brève description de la nature du problème, je leur ai demandé ce qui s'était amélioré au cours des deux dernières semaines, depuis qu'elles avaient pris rendez-vous avec moi. Abigail dit : « Pas grand-chose », bien qu'elle pensât qu'elle avait peut-être eu moins de problèmes. Je lui ai demandé comment cela s'était produit et si elle pensait avoir fait quelque chose de différent ; elle croyait avoir « fait plus d'efforts ». Comme j'explorais en détail ce que « faire plus d'efforts » avait nécessité, et comment elle avait pu le faire, sa mère me raconta qu'il y avait eu un incident majeur à l'école la semaine précédente, quand

Abigail s'était faite surprendre à sécher les cours. Je craignais que sa mère ne réoriente la discussion sur le problème et je fus rassuré lorsqu'elle ajouta : « Et j'ai été très fière de la façon dont elle s'en est sortie. »

Apparemment, Abigail n'avait pas perdu son sang-froid quand elle s'était faite prendre par le directeur, et elle avait négocié avec lui pour changer l'heure de colle qu'il lui imposait. La mère affirma qu'elle avait été bouleversée que sa fille ait fait l'école buissonnière mais, malgré tout, elle avait interprété la façon dont Abigail avait traité l'affaire comme un changement. Encouragé par cette description, j'ai continué à l'interroger sur les changements qu'elle avait observés. Sa mère avait noté qu'Abigail « faisait plus d'efforts », dans la mesure où, à son retour à la maison, elle lui avait raconté ce qui s'était passé à l'école au lieu de le garder pour elle. Toutes deux s'accordaient à dire que cela signifiait qu'il y avait considérablement moins de tension à la maison.

Je leur dis que j'étais très impressionné par les changements qu'Abigail avait été capable de faire. Pour elle, c'était la menace d'exclusion qui lui avait « rendu la raison ». Nous avons passé un moment à détailler les attitudes précises qui traduisaient un comportement plus raisonnable. Je leur ai demandé à toutes deux, de situer sur une échelle de 0 à 10, l'assurance qu'elles avaient qu'Abigail poursuive ces changements. La confiance d'Abigail se situait à « 7 » ou « 8 » ; celle de sa mère était à « 9 ». Pour elle, Abigail en était capable dans la mesure où elle était disposée à le faire.

En conclusion, j'ai reconnu que je ne pourrais pas offrir de meilleur conseil que celui qu'Abigail s'était donnée à elle-même, et je l'ai encouragée à continuer à faire ce qui (maintenant) marchait.

Les parents et les enseignants espèrent souvent qu'il suffira de menacer l'élève du pire pour « le ramener à la raison ». Pourtant, il arrive que la menace d'exclusion elle-même bloque la situation. L'important dans le cas présenté ici était de s'intéresser à ce qui avait déjà changé et d'en tirer une description détaillée.

Si les exceptions ne sont pas évidentes ou accessibles, ou si la suggestion de faire plus de ce qui a marché ne convient pas, je trouve utile de « s'entraîner » à un nouveau comportement. J'ai décrit une approche de travail avec des enfants et des adolescents en internat spécialisé, dans laquelle on présente la période d'hospitalisation comme un stage d'entraînement (Durrant, 1993). L'idée de s'entraîner comporte la notion que cela ne doit pas nécessairement marcher à *chaque* fois ; on peut décomposer le changement désiré en petites étapes et pratiquer celles-ci l'une après l'autre. Les enfants y trouvent vite des ressemblances avec la pratique d'un instrument de musique ou la pratique d'une activité sportive.

Les questions qui se focalisent sur l'avenir, comme la question miracle et les questions à échelle, fournissent des renseignements sur les objectifs. J'ai recommandé d'étudier les réponses en détail, pour brosser un tableau précis de ce que le client fera lorsque l'objectif sera atteint. Il est alors possible de demander au client de choisir l'un de ces (petits) nouveaux comportements et de s'y exercer au cours de la semaine suivante.

> *Bon, donc vous m'avez parlé d'un certain nombre de choses que vous ferez différemment lorsque vous serez passé de 4 à 5 sur cette échelle. Et si vous choisissiez une des choses que vous ferez quand vous aurez atteint 5 et que vous vous y entraîniez au cours de la semaine prochaine* ?

En discutant de la façon dont on se sert des réponses à la question miracle pour établir des objectifs réalisables avec un client, certains collègues ont expliqué :

> La question miracle a fait ressortir un certain nombre de comportements précis (passer plus de temps avec sa sœur, chercher un travail, etc.) ... et on a pu alors discuter des façons dont elle pourrait délibérément pratiquer certains d'entre eux. Ces activités sont devenues des étapes vers son objectif, et en étudiant chacune d'entre elles, on a pu identifier des étapes intermédiaires qu'elle pouvait alors mettre en pratique. On peut, par exemple, parler des boulots possibles, consulter les journaux, s'entraîner

> à rédiger des demandes d'emploi, peut-être même s'entraîner pour des entretiens d'embauche, etc., toutes sortes d'activités qui permettent de se lancer. Parce qu'elles sont élaborées à partir de l'objectif [du client], ces activités prennent un sens, au lieu de n'être que des corvées imposées par des spécialistes et présentées comme étant « ce qu'il faut faire ». (Durrant, 1993, p. 68.)

Ces comportements spécifiques que le client doit mettre en pratique ne sont pas forcément visibles sur le champ lors de l'identification du problème. Dans l'exemple ci-dessus, « le problème de la cliente » était qu'elle était déprimée et qu'elle entendait des voix. Rédiger des demandes d'emploi n'est pas une façon logiquement évidente de traiter ces problèmes psychiatriques. Cependant, rechercher un emploi *était* l'un des éléments identifiés comme ce qui se *passera* quand le miracle se sera produit. Cela avait donc du sens de mettre cela en pratique dans le cadre de la construction de la solution.

Avec les enfants et les adolescents qui ont ce qu'on appelle des « problèmes de comportement », les enseignants peuvent facilement établir la liste de ce que l'élève « doit faire différemment ». Si on suggère à l'élève de s'entraîner à certains de ces nouveaux comportements, cela a toutes les chances de passer pour une autre façon de lui demander simplement de faire ce qu'on attend de lui. Par contre, les comportements spécifiques ou les changements que l'élève identifie dans la description du miracle ou en répondant à la question : « Comment sauras-tu quand tu seras prêt à retourner dans cette classe ? » ont plus de chances de favoriser l'émergence d'étapes très significatives qui pourront être mises en pratique.

LES TÂCHES DE SIMULATION (faire « comme si »)

Milton Erickson disait : « On peut simuler n'importe quoi et le réaliser » (Lustig, 1975).

De Shazer (1991) raconte une thérapie avec un couple de clients qui avaient été reconnus comme malades psychiatriques et qui avaient des antécédents notables. Il a demandé à chacun d'eux de faire comme si, durant deux jours de leur choix au cours de la semaine suivante, le miracle s'était produit, sans le dire à l'autre. Chaque patient devait essayer de deviner quels étaient les deux jours pendant lesquels l'autre faisait semblant.

Après avoir élaboré une description de ce qui se passera quand la solution sera obtenue, on peut demander à la personne concernée de « faire comme si » c'était arrivé. C'est surprenant de voir à quel point des gens apparemment réticents ou incapables d'accomplir les étapes menant à la solution désirée, seront souvent très contents de faire une tâche de simulation.

Dans l'exemple de De Shazer, la tâche a plusieurs aspects :

- demander aux clients de *faire comme si* le miracle était arrivé est bien moins décourageant que de leur demander *d'essayer* d'être différent. Faire semblant implique de mettre en pratique les nouveaux comportements, ou du moins une partie ; mais ce n'est pas comme si on obligeait l'individu à se soumettre ;
- le fait de « choisir deux jours, secrètement, pour faire semblant » met de l'humour dans la prescription ;
- leur demander d'essayer de deviner les deux jours choisis par l'autre, suppose que chacun « va guetter » les changements d'attitude. Même si l'un ou l'autre ne fait pas l'exercice, la tâche garde toutes les chances d'être un succès car il est très probable que, de toute façon, chacun remarque des différences chez l'autre.

> Une enseignante était prête à « essayer toutes mes propositions » avec un garçon de sixième qui était constamment dissipé en classe. J'ai reçu le garçon et le professeur ensemble et je leur ai posé à tous les deux la question miracle. L'enseignante décrivait le miracle essentiellement sous la forme d'une liste d'attitudes plus dociles qu'elle aimerait voir adoptées par ce garçon ; mais j'ai insisté pour savoir en quoi ces comportements feraient une différence et elle me dit par exemple : « Il semblera plus heureux ». Je lui ai demandé : « Comment saurez-vous qu'il sera plus heureux ? » et elle mentionna, entre autres, qu'il lèverait la main pour prendre la parole, qu'il choisirait comme livre de lecture un ouvrage qu'il avait aimé, qu'il mettrait des couleurs dans son cahier. Au départ, le garçon était très renfrogné mais, peu à peu, il se mit à décrire en quoi les choses seraient différentes après le miracle ; par exemple, il pourrait raconter une blague

sans se faire gronder (et l'enseignante précisa qu'il avait un grand sens de l'humour, mais qu'elle craignait qu'en riant de ses blagues, elle ne l'encourage à en faire encore plus) et il aurait l'impression que l'enseignante serait contente de son travail.

Après leur avoir fait remarquer que ce conflit perpétuel était « un poids » pour chacun d'eux, j'ai proposé que l'élève choisisse, dans les jours prochains, deux « moments » en classe (par exemple avant la récréation, entre la récréation et le déjeuner ou après le déjeuner), au cours desquels il ferait comme si le miracle s'était produit. Il devait donc faire semblant de ne pas avoir envie de lancer des projectiles sur ses camarades ou de s'amuser et faire semblant d'aimer son travail. J'ai bien insisté sur le fait que ce n'était qu'une simulation : il n'avait pas *réellement* besoin d'aimer son travail ; il m'assura qu'il se sentait capable de le faire. L'enseignante devait essayer de deviner quels moments l'élève avait choisis pour sa « période de simulation », mais elle ne devait pas faire le moindre commentaire.

Là encore, l'élève ne devait pas vraiment s'efforcer d'être différent, il devait simplement *faire semblant* de l'être. Cela permettait d'introduire une notion essentielle, celle de « sauver la face », dans tous les changements qui se produiraient. De plus, comme la période miracle était tenue secrète, il avait l'impression de « jouer un tour » à son professeur, chose qui ravit la plupart des élèves. De toute façon, même si l'élève ne faisait pas semblant, l'enseignante serait à l'affût d'un comportement différent, et elle réagirait probablement au moindre signe de changement d'attitude, aussi minime soit-il.

Dans ce cas, je n'ai pas demandé au professeur de faire semblant, mais j'aurais pu le faire. Mais le seul fait d'avoir étudié le miracle en détail avait toutes les chances de l'amener à se comporter autrement de toute façon.

J'ai travaillé récemment avec un jeune homme de vingt ans, Gavin, qui présentait une légère arriération mentale, et dont les parents s'inquiétaient car il était « obsédé par le sexe ». Etant donné son handicap, ils reconnaissaient avec réalisme qu'ils ne voyaient pas comment il pourrait nouer des relations et vivre sa sexualité. Mais ils s'inquiétaient parce qu'il se masturbait en public, regardait des cassettes vidéos pornographiques en présence de ses jeunes frères et sœurs, etc. J'ai consacré deux séances à repérer avec lui les exceptions (lentement et en répétant plusieurs fois étant donné ses capacités intellectuelles et de concentration), les fois où il avait pu se maîtriser. Cela a donné quelques résultats.

Au cours de la troisième séance, je lui ai dit que sa mère se faisait du souci parce qu'il était obsédé par le sexe. Gavin m'a demandé ce que cela signifiait et, lorsque je lui ai répondu : « Cela veut dire que tu penses tout le temps au sexe », il l'admit aussitôt avec un grand sourire. Ma préoccupation était que je ne devais pas essayer de le « convaincre » qu'il avait un problème ; pourtant, j'étais conscient que cela pouvait lui attirer de graves ennuis. Je lui ai fait comprendre que « le sexe dirigeait ses pensées ». Au cours de notre discussion, il finit par reconnaître qu'il serait préférable qu'il pense au sexe quand il le décidait, au lieu de laisser le sexe « contrôler ses pensées ».

À la question miracle, il répondit d'abord que « le sexe ne contrôlerait pas mes pensées ». J'ai insisté : Qu'est-ce qui sera différent ? En quoi cela fera une différence? Que remarqueront ses parents ? En quoi leur attitude sera différente ? etc. Petit à petit, il se mit à expliquer : « Les enfants (ses frères et sœurs) n'auront pas peur de moi... et je jouerai plus souvent avec eux. » « Maman m'aimera peut-être... Je lui parlerai plus souvent de ce que je fais », etc. Parmi les différences spécifiques, il cita : « Je louerai des cassettes vidéos d'un autre genre, comme *Trois hommes et un couffin* au lieu des films X que je prends d'habitude. »

Je lui ai suggéré de jouer à pile ou face tous les soirs. Si la pièce tombait sur « face », alors le jour suivant, il devrait faire comme si le miracle s'était produit. Si elle tombait sur « pile », il devrait faire ce qu'il faisait d'habitude. Il a eu l'air de trouver ça amusant.

Lorsque Gavin revint environ une semaine plus tard, il me raconta que le premier soir, la pièce était tombée sur « face ». Avant que je n'ai pu lui en demander plus, il ajouta : « Et le deuxième soir, sur face, et le troisième... sur face. » J'ai d'abord eu peur d'avoir, sans le vouloir, mis trop de pression d'emblée ; j'aurais peut-être dû lui prescrire « de choisir deux jours pour faire semblant ». « Et le quatrième soir, la pièce est tombée sur pile. » Sur le coup, j'ai redouté que ce jour « pile » ne l'ai fait replonger dans son problème. « Mais j'ai fait comme si c'était face ! »

« Ensuite, le cinquième soir, je n'ai pas joué à pile ou face. » Ce que je craignais le plus était donc arrivé, j'étais sûr qu'il avait abandonné la tâche. Néanmoins, à mon grand étonnement, il ajouta : « Parce que c'est arrivé. » Je me demandai *qu'est-ce* qui était arrivé. « Vous savez, ce miracle, il s'est produit. »

Plus tard, quand son père est venu le chercher, je l'ai invité à entrer et Gavin lui a annoncé : « C'est arrivé, Papa... le miracle s'est produit. » Le père semblait déconcerté mais, quand je lui ai demandé ce qu'il avait remarqué, il répondit : « Oui, vous savez, il y avait quelque chose de différent la semaine dernière. Nous n'arrivions pas à savoir ce que c'était exactement, mais l'ambiance était... et bien... moins tendue. »

D'après Berg et Miller (1992), la tâche « pile ou face » est une technique efficace pour aider les clients à ne plus être bloqués, parce qu'elle introduit une part d'imprévisibilité dans la tâche de simulation. Ils précisent qu'elle est d'autant plus efficace que les clients sont intéressés par les objectifs définis, c'est-à-dire, qu'ils sont « des acheteurs » (mais, rappelons qu'un client qui n'est pas « acheteur » peut l'être si le problème et/ou les objectifs sont définis différemment).

> Beaucoup de clients désireux de progresser sont intrigués par cette méthode. Ils sont curieux de voir ce qui va se passer en lançant la pièce, et ils attendent avec impatience ce que la « chance » leur réserve. Certains clients s'amusent même de ce qui semble être un jeu puéril et se prêtent au jeu, parce qu'ils se rendent compte que, jusque-là, leurs tentatives sérieuses pour trouver une solution n'ont pas abouti. (Berg et Miller, 1992, p. 123)

On peut utiliser les tâches de simulation avec les élèves et les enseignants, avec les élèves seuls, et avec les élèves et leurs parents. Je pose souvent la question miracle à des parents et à des adolescents quand il y a un déséquilibre dans les responsabilités et des conflits de longue date, et j'utilise la tâche « de choisir deux jours pour faire comme si le miracle s'était produit » aussi bien avec les adolescents que les parents. Dans presque tous les cas, quand nous nous revoyons, ils me disent que les choses vont mieux.

Tout comme nous en avons parlé précédemment pour la solution imaginée, la question miracle ou les étapes vers la solution, les questions à échelle se prêtent aussi aux tâches de simulation en demandant à un élève de « faire comme s'il avait atteint 6 sur l'échelle ».

FAIRE QUELQUE CHOSE DE DIFFÉRENT

Un principe important de la thérapie brève est : « Si ça marche, continuez ». Le contraire est également important : « Si ça ne marche pas, faites autre chose ».

Il m'est arrivé de dire à mes clients, après avoir fait mon possible pour valider leur désespoir et leur sensation d'être dans une impasse, que je ne voyais pas très bien ce qu'ils pouvaient faire quant à leur situation ; mais j'étais d'accord avec eux pour dire que ce qu'ils faisaient en ce moment ne marchait pas. Je leur fais comprendre qu'il est important de faire quelque chose de différent lorsque ce qu'ils font ne marche pas. « Peu importe ce que c'est, du moment que c'est différent ! » Faire quelque chose de différent, c'est une autre façon d'interrompre les schémas de comportement. Evidemment, si un enseignant, un élève, ou un parent fait quelque chose de différent au moment où le problème se présente, cela interrompt le schéma du problème. Faire quelque chose de différent change souvent la signification des comportements habituels.

Faire quelque chose de différent peut s'appliquer pratiquement à tout ce qui modifie ce qui se passe d'ordinaire.

> Ron, 13 ans, était un élève de cinquième. Son professeur considérait qu'il était complètement immature et qu'il commençait à prendre du retard dans le programme scolaire. Même si, au cours de l'entretien, il apparut qu'il y avait certaines difficultés à la maison, elles n'étaient pas suffisamment graves pour inciter la famille à faire une démarche de thérapie. L'incapacité

> des parents à communiquer avec Ron était le principal problème avancé...
>
> La difficulté principale, d'après l'enseignant, c'était que Ron ne supportait pas le moindre reproche. Lorsque l'enseignant rendait leurs copies aux élèves, Ron se mettait en colère s'il avait ne serait-ce qu'une seule faute : il déchirait alors sa copie, allait la jeter dans la poubelle en tapant des pieds, puis boudait. Ses camarades de classe pouvaient difficilement ignorer cette attitude et, par conséquent, Ron avait très peu d'amis.
>
> Nous avons expliqué à Ron et à son professeur que nous avions besoin de plus de renseignements pour que tout le monde puisse mieux comprendre le problème. Pour y voir plus clair, Ron devait simuler une crise de colère, et même s'il n'avait pas fait de fautes dans son devoir, son professeur devait faire comme s'il y en avait. Nous avons expliqué que, durant ses crises de colère, Ron était trop concerné pour être suffisamment objectif et bien comprendre la situation. C'est seulement en faisant semblant qu'il pourrait observer attentivement les réactions des autres face à ses crises. Il était entendu que le professeur donnerait à Ron un signal secret pour les réponses qu'il déclarerait fausses et qui en fait étaient justes. De cette façon, l'enseignant et Ron sauraient tous deux que l'on faisait comme si la réponse était fausse. Ron semblait très enthousiaste de participer à cette tâche.
>
> Deux semaines plus tard, nous les avons revus pour discuter de cette tâche. Le professeur raconta avec plaisir qu'il n'y avait pas eu de crise de colère, ni réelle ni simulée, au cours de la période écoulée, bien qu'il ait rendu un grand nombre de copies. Ron n'avait tout simplement pas effectué la tâche jusqu'au bout. (Brown, 1986, p. 13.)

Dans cette intervention, on a demandé au professeur et à l'élève de faire quelque chose de complètement différent de leur relation habituelle. Il leur a été demandé d'avoir recours à la simulation ; mais dans ce cas, il s'est agi de simuler le problème et non de faire comme si on avait trouvé la solution. En fait, la tâche a utilisé les comportements habituels de l'enseignant et de l'élève et les a transformés en un jeu. Ainsi, leur signification ne pouvait plus être la même.

J'ai déjà décrit plus haut le schéma caractéristique qui se développe lorsque les adultes s'obstinent à prendre de plus en plus de responsabilités pour qu'un adolescent se montre plus responsable, et qui mène en fin de compte, à ce que ce dernier semble l'être de moins en moins. Ce schéma demande à être retourné ; pourtant, au moins dans l'esprit des adultes, l'enjeu est d'importance. Dans ma pratique avec des parents et des adolescents bloqués dans ce schéma, je commence par sympathiser longuement avec les parents, reconnaissant leurs inquiétudes quant à l'avenir de leur fils ou de leur fille, et je déplore avec eux que leurs efforts, qui semblent pourtant logiques, n'aient absolument aucun résultat. Je leur suggère ensuite de « faire quelque chose de différent » la prochaine fois que le schéma se manifestera.

Cade (1988) expose un cas particulier qu'il intitule « Rabaisser la belle-mère ».

> Sonia s'était récemment mariée à John, divorcé, père de trois adolescents dont il avait la garde. C'était le premier mariage de Sonia, et elle avait décidé de se faire rapidement aimer et respecter des enfants, sans devenir l'archétype de la « méchante belle-mère ».
>
> Sonia se demandait sérieusement si elle supporterait de rentrer à la maison après notre entretien, tant elle était stressée. James (15 ans) ne ratait pas une occasion de la rabaisser, généralement en présence d'amis, et plus particulièrement des relations professionnelles de John. Ces « réflexions » étaient en général extrêmement subtiles (mais pas moins blessantes, et flagrantes même aux yeux du spectateur le plus indifférent) et, si elle lui répondait, il prenait l'air surpris, voire blessé, et prétendait que c'était une plaisanterie ou qu'elle avait mal interprété ses paroles. John était lui-même impuissant à lui venir en aide. Par exemple, James la prenait constamment de haut à propos des émissions de télé qu'elle aimait et des livres qu'elle lisait. Sonia n'était jamais allée à l'université. A l'occasion d'une grande réception qui rassemblait un grand nombre de personnalités du milieu littéraire, James avait demandé à Sonia à voix haute et apparemment en toute innocence : « Maman, quelle

université as-tu... Oh non, tu n'es pas allée à l'université, n'est-ce pas ? »

Il mangeait rarement ce qu'elle cuisinait, trouvant toujours à redire ; alors, il se préparait en général son repas, laissant la cuisine en désordre ; quand elle lui demandait de nettoyer, il lui répondait « sincèrement » qu'il rangerait plus tard, promesse qu'il ne tenait jamais. Sonia finissait toujours par ranger ce qu'il avait laissé. Ce matin-là, il s'était réjoui et avait poussé des cris de joie au moment où elle était partie pour son travail, et elle en avait été profondément blessée. John, extrêmement touché par la détresse de sa femme, nous expliqua : « James est si malin que, quand on lui reproche son attitude, il prend son air étonné et répond : "Je suis désolé, je ne vois pas ce que tu veux dire", soutenant qu'il n'avait pas l'intention de blesser. »

Sonia était embarrassée de parler de tout ça, car chaque incident lui semblait d'une grande banalité. Elle comparait ce qu'elle vivait au supplice de l'eau. Une goutte d'eau sur le front, ce n'est rien ; mais c'est la succession interminable, continuelle de gouttes d'eau qui finit par vous rendre fou. Dans l'espoir de régler ce problème, Sonia avait tour à tour essayé d'attendrir James, de lui demander pourquoi il faisait cela, de lui faire des reproches, de lui expliquer combien c'était blessant, de lui demander ce qu'il attendait d'elle, de le raisonner, et elle avait demandé à John de lui parler. Rien n'avait marché. Il pouvait toujours, sans la moindre difficulté, « tirer les ficelles du jeu » et faire d'elle une femme désarmée et désespérée.

Il était évident que tous deux négligeaient sérieusement leur couple et eux-mêmes, et leurs soucis au sujet de James occupaient le premier plan de leurs préoccupations. Ils le reconnaissaient, mais Sonia dit que, tant qu'elle n'aurait pas trouvé une solution au problème avec James, ces autres difficultés seraient sans importance pour elle et qu'elle ne pourrait même pas penser à s'en occuper. Les enfants ignoraient qu'ils s'étaient adressés à un thérapeute. Je leur ai demandé s'ils seraient prêts à tenter une expérience pendant une semaine environ, même si cela lui demanderait plus d'efforts à elle qu'à James. Ils étaient prêts à tout, surtout dès lors qu'ils avaient admis que leurs tentatives jusqu'à ce jour s'étaient révélées inefficaces ou n'avaient fait au contraire qu'envenimer le problème.

J'ai expliqué à Sonia que je comprenais bien que les attitudes de James lui faisaient souvent l'effet d'un coup de couteau dans le ventre, mais que je voulais désormais qu'elle essaye : (1) de les ignorer complètement, ou (2) de se rabaisser elle-même un peu plus qu'il ne l'avait fait. La première attitude devait être « discrète, non ostentatoire » (c'est-à-dire qu'elle devait simplement l'ignorer et non afficher un air affligé et blessé du genre « Vois comme je t'ignore » qui aurait indiqué que le comportement ou les réflexions de James avaient produit un effet). Par contre, s'il se moquait d'elle à propos d'une émission qu'elle regardait ou d'un livre qu'elle lisait, elle devait répondre qu'il n'y avait que ce genre d'émission ou de livre qu'elle arrivait à comprendre, les autres étant trop compliqués pour elle. Elle devait formuler cette réponse sans la moindre pointe de colère ou de sarcasme, comme une simple constatation, et sans interrompre ce qu'elle faisait pour émettre ces commentaires. S'il faisait une remarque au sujet de l'université, elle devait, toujours sur le ton d'une simple constatation, indiquer qu'elle avait été trop stupide pour aller à l'université. S'il lui arrivait encore de se réjouir ou de pousser des cris de joie quand elle partait travailler, elle devait, soit l'ignorer et sortir en lui faisant un signe de la tête et de la main pour lui dire au revoir (mais sans revenir sur ses pas pour le faire avec ostentation), soit dire avec une pointe d'humour que ce devait être un soulagement qu'elle parte, puisque le niveau moyen d'intelligence dans la maison allait s'élever, pour redescendre seulement lorsqu'elle rentrerait. En aucun cas et sous aucun prétexte elle ne devait discuter avec lui ou le raisonner ou exprimer de la colère face à ses humiliations.

Dorénavant, quand James mettrait la pagaille dans la cuisine, elle devrait poliment lui demander une seule fois de ranger. S'il n'en tenait pas compte, elle ne devrait plus y faire allusion, ni ranger elle-même. Quand John rentrerait à la maison, il devrait systématiquement ranger la cuisine, mais sans en faire toute une histoire. Bien que le désordre soit l'œuvre de James, il ne devrait pas le lui faire remarquer... il devrait simplement mettre de l'ordre (mais s'assurer, si possible, de le faire à un moment où son fils s'en rendrait compte). Si James lui demandait pourquoi il le faisait, il devrait lui répondre qu'il avait tout simplement décidé de ranger la cuisine avant de s'installer confortablement pour la soirée (sans lui faire remarquer qu'il faisait son boulot). Si par hasard, James demandait pourquoi ils se comportaient tout d'un coup différemment, ils devraient prendre un air étonné et répondre qu'ils ne voyaient pas ce qu'il voulait dire : ils n'avaient pas l'impression d'agir différemment.

Tandis que le couple quittait mon bureau, Sonia sourit malicieusement : « Vous savez quoi ? » dit-elle, « j'espère presque qu'il me donnera du fil à retordre ce soir. »

Ils revinrent me voir trois semaines plus tard, et Sonia me fit part à la fois de son soulagement et de sa déception. Elle se sentait soulagée parce que le problème semblait avoir disparu. James n'avait absolument rien fait pour la rabaisser depuis notre premier entretien. Elle était déçue car elle n'avait eu aucune occasion d'essayer ma suggestion.

(Trois ans plus tard.) James, bien qu'étant certainement le plus difficile des trois enfants, avait rarement tenté de rabaisser Sonia comme il le faisait de façon si cruelle lorsque je les avais rencontrés. Les enfants ne savaient toujours pas que leurs parents m'avaient consulté. (Cade, 1988, pp. 28-30 ; légèrement adapté)

Voici une bonne illustration de la façon d'amener les gens à « faire quelque chose de différent ». Si le thérapeute s'était contenté de demander à Sonia d'ignorer le comportement de son beau-fils, elle aurait trouvé de nombreuses raisons de ne pas le faire. Il s'est longuement étendu sur le fait que « C'est *terrible* et ce qui est encore plus terrible, c'est que toutes vos réponses raisonnables et bien compréhensibles *ne donnent aucun résultat* ». Dans ce contexte, elle était prête à tenter quelque chose de différent.

Cet exemple illustre également la façon dont on peut définir le « quelque chose de différent » comme une « expérience ». L'intervenant ne promet pas que ce sera efficace, mais il présente simplement sa proposition comme une expérience. Les gens paraissent se soumettre volontiers à ce genre d'expérimentation.

De même, je demande souvent aux parents de faire l'expérience « d'arrêter de harceler » leur enfant pendant une période limitée, dans le but d'obtenir plus d'informations. Ils sont prêts à faire cette tentative, alors qu'ils auraient refusé la suggestion « d'arrêter » si j'avais formulé cela comme la solution au problème.

David Epston, un thérapeute néo-zélandais, a élaboré une intervention pour amener les élèves et les enseignants à faire quelque chose de différent (inédite, elle est décrite, avec sa permission, d'après mes souvenirs du cas décrit par David).

> Franck était un élève menacé d'exclusion. Il avait l'habitude de se bagarrer en récréation, et aucune intervention n'avait pu l'en dissuader. Une thérapie familiale, avec Franck et ses parents, s'était également soldée par un échec. David avait obtenu l'accord du directeur de l'école pour « essayer quelque chose de différent », et lui avait transmis les instructions détaillées qu'il aurait à suivre.
>
> Le directeur convoqua Franck dans son bureau, ainsi que les six garçons avec lesquels il se bagarrait régulièrement. Il expliqua aux garçons que Franck était vraiment sur le point de se faire renvoyer de l'école, et que tous les efforts de l'école, des parents de Franck et d'un grand nombre de thérapeutes s'étaient révélés inefficaces. La seule chance de Franck reposait sur ses six camarades.
>
> « Bon », dit-il, « je sais que vous êtes tous très forts pour faire perdre à Franck son sang-froid, des experts même, d'après ce que j'ai entendu. Dites-moi, de quels petits noms affublez-vous Franck pour le faire sortir de ses gonds ? »
>
> Evidemment, les garçons hésitaient à répondre ; alors le directeur poursuivit : « Joe, je t'ai entendu traiter Franck de "tas de merde" pour le vexer. Est-ce que c'est vrai ? » Joe acquiesça à contrecœur, et le directeur continua à étaler la liste des surnoms qui mettaient Franck en colère.
>
> Le directeur termina en distribuant un « nom » à chaque élève. « Pour toi, Joe, ce sera "tas de merde" ; pour toi, Bill, ce sera "connard" ; et pour toi, Tony, ton mot est "tête de nœud", etc. Maintenant, je veux que vous prononciez chacun votre mot...

allez-y, il n'y a pas de problème... vous pouvez faire mieux que ça. »

« À présent, et c'est important, je veux que vous vous souveniez de votre mot. Dans la cour, chaque fois que vous verrez que Franck est sur le point de perdre son sang-froid, je veux que vous lui disiez chacun votre mot, qu'il encaisse vraiment. Rappelez-vous, c'est sa seule chance. Et vous viendrez vous entraîner dans mon bureau tous les matins. »

D'après ce que je me souviens de cette histoire, Franck ne s'est plus jamais bagarré dans la cour.

Voilà une très bonne illustration d'un changement dans la signification d'une interaction en faisant quelque chose de (très) différent. Je soupçonne pourtant que bon nombre de directeurs ne seraient pas volontaires pour essayer une telle stratégie.

CHAPITRE 8 —
Etude de cas : une intervention stratégique brève

Le cas qui suit est tiré d'une publication dont l'auteur, psychologue scolaire, a utilisé les principes de l'approche des thérapies brèves pour développer ce qu'il appelle « Intervention Stratégique Familiale Brève » (BSFI[1]). Cette étude décrit l'application de ces principes pour travailler directement avec des élèves et indirectement avec leur famille (puisque le contact avec les parents se faisait uniquement par téléphone). Ce cas montre également comment on peut employer des techniques de collectes de données en milieu scolaire dans le contexte de l'intervention thérapeutique.

Jill, élève de CM1, d'un cycle scolaire pour enfants surdoués, a été envoyée chez le psychologue scolaire (l'auteur[2]) par ses parents. Le processus d'évaluation/intervention s'est déroulé sur une période de trois semaines, avec quatre contacts téléphoniques avec les parents et deux rencontres individuelles avec Jill.

La nature du problème

Les parents de Jill s'inquiétaient de son « anxiété » croissante vis-à-vis de l'école, expliquant qu'elle présentait tous les jours (sauf le week-end) les comportements suivants :

a) elle demandait fréquemment à prendre sa température ;

b) elle insistait pour que ses parents la laissent veiller tard le soir ; et

c) elle suppliait son père de la ramener à la maison, au moment où il la déposait à l'école le matin.

---

1 BSFI : Brief Strategic Family Intervention.

2 John J. Murphy est Directeur des Services Psychologiques, au Covington Independent Schools District, 24 East 75 th St., Covington, Kentucky 41011. Cet extrait de son article « Intervention Familiale Stratégique Brève pour les problèmes scolaires » (Murphy, 1992), est reproduit avec sa permission.

Les demandeurs principaux

De toutes les parties concernées, les parents semblaient être les demandeurs principaux, ceux qui étaient les plus gênés par le problème et par conséquent les plus motivés pour le résoudre. Bien que Jill ne manifestât pas la même insistance que ses parents, elle déclarait qu'elle voulait que « les choses s'améliorent ». L'équipe scolaire n'avait aucune inquiétude à formuler quant à son comportement ou à ses résultats scolaires.

Les différentes positions face au problème

Ses parents avaient le sentiment que Jill était « perturbée » et qu'elle avait besoin de soutien et d'encouragement. Ils se considéraient comme des parents consciencieux et impliqués. Bien que Jill rechignât à me rencontrer parce qu'elle craignait qu'on pense à l'école qu'elle était folle, elle consentit à m'accorder une « discussion » (non une « séance de conseil psychopédagogique ») à son domicile. Elle pensait que ses parents « faisaient toute une histoire » de la situation. Lorsque je lui ai demandé comment elle voyait le problème, elle répondit que ses angoisses étaient dues aux remontrances régulières d'un professeur « méchant et injuste ».

Les solutions déjà tentées

La première réaction de ses parents avait été de lui faire remarquer l'irrationalité de ses craintes. Comme le problème ne faisait qu'empirer, ils réagirent en conséquence en affinant et en renforçant leur stratégie de soutien (c'est-à-dire, plus de la même chose). Lorsque je lui ai demandé ce qu'elle avait fait pour faire face à la situation avec cet enseignant, Jill indiqua qu'elle essayait « de ne pas y penser », mais elle ajouta que plus elle essayait, plus elle devenait nerveuse. Ainsi, il semblait que les solutions tentées par Jill et ses parents ne faisaient qu'envenimer le problème qu'ils voulaient résoudre.

Les objectifs minimaux

Quand je leur ai plus précisément demandé à quoi ils remarqueraient une amélioration, les parents de Jill répondirent qu'ils noteraient une diminution dans la fréquence et la gravité des problèmes de comportement énoncés ci-dessus. Non seulement leur observation de ces comportements leur apporterait des indices concrets que l'objectif était atteint, mais elle était une des tâches de l'intervention décrite ci-dessous.

Les interventions

Pour essayer d'interrompre le cycle de production du problème évoqué ci-dessus, je leur ai proposé les tâches suivantes:

Tâches pour les parents

En leur donnant un rôle « d'observateurs et d'expérimentateurs » dans le processus d'intervention, j'ai cherché à utiliser le désir des parents de s'investir activement pour aider leur fille. Pour cela, ils devaient noter chaque jour si Jill avait demandé à prendre sa température ; de plus, à partir d'une procédure subjective d'évaluation que nous avions élaborée ensemble, ils devaient également évaluer le comportement de Jill le matin et le soir sur une échelle de 1 à 10 – où 1 représentait ce qui était « complètement insatisfaisant » et 10 ce qui était « très satisfaisant ».

J'ai laissé entendre aux parents de Jill que leur aide et leur soutien seraient peut-être encore plus efficaces s'ils parvenaient à « la laisser tranquille », pour lui prouver qu'ils avaient confiance en sa capacité à résoudre ses propres problèmes, et ils acceptèrent d'arrêter de la sermonner. Pendant plus de deux mois, ils s'appliquèrent à faire le compte rendu de leurs observations quotidiennes. Pour les conforter dans cette nouvelle voie, je les complimentais régulièrement pour la minutie de leurs observations et pour leur courage à s'en tenir à une stratégie qui, bien qu'apparemment efficace, n'en était pas moins difficile à appliquer à certains moments.

Tâche pour l'élève

J'ai demandé à Jill de noter « les signes de méchanceté » chaque fois qu'elle trouvait le professeur méchant au cours de la journée et je lui ai expliqué que cela m'aiderait à mieux comprendre l'extrême « méchanceté » de cet enseignant. Cette tâche correspondait bien aux préoccupations de Jill vis-à-vis de son professeur et à la façon dont elle percevait ses critiques. Je lui ai dit qu'elle n'avait rien à faire pour son problème et qu'elle devait simplement rassembler ces renseignements afin de clarifier la situation.

J'ai également recommandé à Jill de ne pas rire quand elle ferait ses observations, car cela ne ferait qu'attirer un peu plus l'attention sur elle.

Cette intervention allait à l'encontre de ses précédentes tentatives infructueuses pour éviter son professeur ; elle recadrait aussi sa façon d'observer son professeur, le point de vue craintif antérieur faisant place à un contexte plus humoristique.

Jill accepta volontiers cette tâche et la mit à exécution. La semaine suivante, elle s'empressa de me rapporter ses observations avec enthousiasme, ajoutant qu'elle n'éprouvait plus de nervosité vis-à-vis de son professeur ou de l'école. Je lui ai dit qu'apparemment « elle était tombée sur quelque chose » qui améliorait la situation, même si je ne voyais pas bien ce que pouvait être ce « quelque chose ». L'intention première de mes propos était d'habiliter Jill à s'attribuer les changements attendus.

Les résultats

Les observations quotidiennes des parents ont fait apparaître une diminution sensible de la fréquence et de la gravité des problèmes évoqués. Jill avait demandé à prendre sa température tous les jours durant la période de dix jours qui avait servi de référence, mais seulement les deux premiers jours sur les trente jours qui ont suivi l'intervention.

À partir des évaluations quotidiennes du comportement de Jill le matin et au moment du coucher, ses parents établissaient une moyenne pour la semaine (voir le schéma 1). En comparaison de l'évaluation initiale, les parents de Jill avaient bien mieux coté son comportement, que ce soit le matin ou le soir, durant les sept semaines qui suivirent l'intervention et lors des contacts de suivi.

Les résultats des études de cas isolés, surtout celles qui sont menées dans l'environnement habituel du travail de tous les jours, sont sujets à des limites de validité, tant externes qu'internes. Les résultats de cette étude de cas sont certainement limités quant à leur éventuelle généralisation à d'autres personnes, d'autres problèmes et d'autres situations (validité externe). Leur validité interne est également discutable (des facteurs autres que l'intervention signalée peuvent avoir contribué aux changements signalés). Par exemple, les « antécédents » constituent l'un de ces éléments que l'on ne peut contrôler, parce que les gens vivent toutes sortes d'événements qui peuvent influencer les comportements étudiés, en plus de l'intervention.

De manière à renforcer les conclusions quant aux effets de l'intervention dans ce cas, nous nous sommes servis de certaines stratégies pour

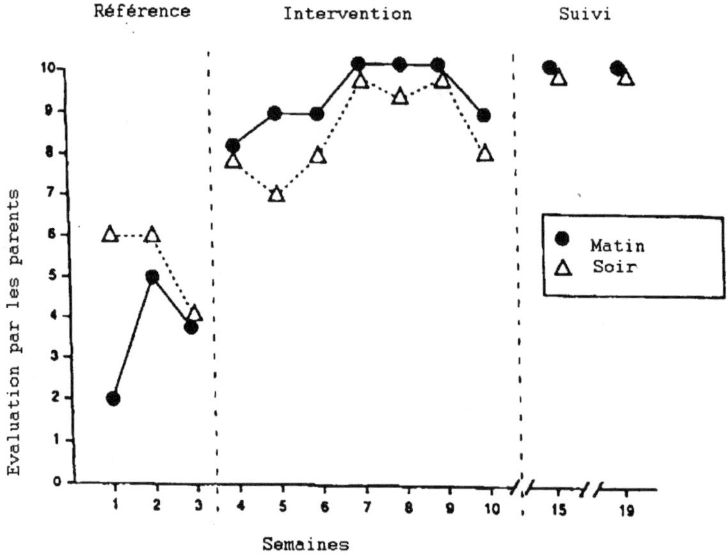

Fig 1. Evaluation du comportement de Jill le matin et le soir. (1: "très insatisfaisant"; 10: "très satisfaisant")

collecter et analyser les données, stratégies recommandées par Kazdin (1982) et Kratochwill (1985).

Dans un premier temps, on a rassemblé suffisamment d'éléments de référence pour permettre d'évaluer l'évolution prévisible des comportements étudiés. Les changements favorables et spectaculaires des trois comportements étudiés immédiatement après l'intervention, donnent de la valeur à la conclusion selon laquelle l'intervention a bien eu des effets. Dans un deuxième temps, on a étudié le chevauchement des scores avant et pendant l'intervention, selon l'idée que, moins il y a de chevauchement plus l'effet de l'intervention est important. Comme le montre la figure 1, les résultats ne se chevauchaient pas entre la période servant de référence et la phase d'intervention. Dans un troisième temps, on a analysé les résultats en étudiant la variabilité et l'évolution des scores entre les différentes phases et au sein de chaque phase, en gardant à l'esprit l'idée de Kazdin (1982) à savoir que plus la fluctuation des résultats est grande après une intervention, et plus il faut être prudent dans l'interprétation. Bien que la moyenne par semaine des évaluations des parents variaient entre 8 et 10 pour le comportement du matin, et entre 7 et 10 pour celui du soir durant la phase d'intervention, ces écarts étaient comparables à ceux des évaluations de référence de ces deux comportements.

Ensemble, ces stratégies ont soutenu les conclusions quant à l'efficacité de l'intervention à développer les changements désirés.

Discussion

Ce cas met en évidence plusieurs aspects importants de l'intervention stratégique familiale brève.

Premièrement, l'évaluation et l'intervention n'ont porté que sur les individus et les interactions considérés comme directement liés, à ce moment-là, à la persistance du problème. Par exemple, le personnel de l'école n'a pas été inclus dans un premier temps car il n'avait rien à reprocher à Jill ou à son attitude. De plus, on n'a pas cherché à recueillir d'informations sur le développement ou les expériences de Jill dans sa petite enfance, ni sur les problèmes intergénérationnels, ni sur son type de personnalité, etc. Ces propos ne sont pas une critique globale des méthodes où l'évaluation et l'intervention sont plus larges, mais ils cherchent plutôt à mettre en valeur l'orientation du BSFI vers le présent et l'avenir et son objectif délibéré de résoudre les plaintes présentées.

Deuxièmement, la définition et les croyances de chacun (c'est-à-dire sa position) par rapport au problème ont été acceptées et intégrées dans la justification et le contenu des interventions.

Troisièmement, les interventions ont été spécifiquement conçues pour exclure les tentatives de résolutions en cours que l'on considérait comme contributives au problème. On a évité les stratégies habituelles pour traiter l'anxiété (comme la relaxation ou la restructuration cognitive), non qu'elles soient moins efficaces dans l'absolu que les interventions choisies, mais parce qu'elles ressemblaient trop aux premières tentatives de Jill et de ses parents pour résoudre la situation.

Quatrièmement, on a choisi une position basse, de travail en collaboration avec le client, pour qu'il participe volontiers à la mise en œuvre des interventions et pour qu'il s'en attribue le succès.

La plupart des livres consacrés à l'intervention stratégique n'ont pas été écrits par des professionnels de l'éducation et ne traitent pas des problèmes scolaires. Néanmoins, l'approche du BSFI dont il est ici question, offre divers avantages aux professionnels du milieu scolaire. La possibilité de résoudre des difficultés dans un temps limité leur paraît très séduisante, car d'une façon générale ils considèrent que le temps est une ressource très limitée. De plus, l'acceptation et l'utilisation des croyances d'autrui permet d'entretenir une relation d'échange fructueuse entre le corps enseignant et les parents. Non seulement ce type de relation favorise l'acceptation et l'application des interventions, mais elle habilite les parents et les élèves à s'attribuer les changements bénéfiques qui se produisent.

Le point de vue systémique du BSFI, qui reconnaît que de petits changements dans un aspect quelconque d'une situation problématique peuvent être à l'origine de la résolution du problème, peut se révéler très utile en milieu scolaire où les intervenants se plaignent parfois des possibilités limitées d'intervention (manque de disponibilité des parents pour les entretiens, etc.). Par suite, même si on tente autant que possible de travailler avec toutes les personnes qui semblent le plus directement impliquées dans le problème, les aspects systémiques et stratégiques du BSFI impliquent qu'en travaillant avec quiconque est en relation avec le problème, on peut réellement le modifier. En définitive, les quelques comptes rendus des recherches empiriques sur les interventions stratégiques à l'école ont été encourageants.

CHAPITRE 9 —
Etude de cas : construire sur les exceptions

LA FILLE AU SAVOIR-FAIRE :
Trouver des solutions à un problème scolaire

Kate Kowalski[1]

Les familles arrivent souvent chez les thérapeutes avec des problèmes qui se manifestent en premier lieu à l'école de leurs enfants. Il n'est donc pas surprenant que les parents se sentent impuissants devant des difficultés qui se produisent en dehors de la maison. Dans le cas exposé ici, une adolescente de 12 ans présentait des difficultés pour s'appliquer et participer en classe. L'approche, fondée sur les idées centrées sur la solution de De Shazer et de ses collègues, exploite une petite observation, apparemment insignifiante, pour construire une orientation vers la solution du problème. Lorsqu'il fut fait mention de difficultés également dans le contexte familial, la solution qui émergea fournit une base pour en discuter et permit par la même occasion certains commentaires sur le mode de fonctionnement des parents.

Julie, 12 ans, est venue pour une thérapie accompagnée de sa mère, Maria, sur les recommandations du conseiller pédagogique de son école. La famille de Julie se composait de sa mère, son père, Joe, et de sa sœur de 15 ans, Jenny. Joe participa à la troisième des quatre séances, alors que Jenny n'est jamais venue.

J'ai consacré les premières minutes de la séance à faire connaissance avec Julie et Maria ; j'ai appris que Julie était en sixième et qu'elle passait

1 Kate Kowalski travaille à l'Eole d'Assistantes Sociales de l'Université du Wisconsin, à Milwaukee. Cet article, « La fille au savoir-faire », (Kowalski, 1990), est reproduit avec sa permission. L'auteur a suivi ce cas alors qu'elle était membre enseignant du Centre de Thérapie Familiale Brève de Milwaukee. Certains passages de cet article sont parus dans Kowalski et Kral, 1989.

une partie de son temps dans une classe spéciale pour enfants ayant des difficultés d'apprentissage. Elle avait plusieurs animaux de compagnie et elle s'occupait de deux chevaux qui appartenaient à un voisin de leur banlieue quelque peu rurale. Maria travaillait dans une épicerie, à temps partiel, et Joe était gardien de stade.

Première séance

Julie semblait assez nerveuse à l'idée de parler avec moi. Elle parlait d'une voix douce et se cachait souvent le visage derrière sa veste. Maria était visiblement contrariée par les difficultés qui les amenaient en thérapie, et tout en décrivant ses sujets d'inquiétude elle agitait fréquemment ses mains en l'air. Quand j'en ai su un peu plus sur elles, j'ai demandé à Julie si elle savait pourquoi elles étaient venues me voir.

Julie : Et bien, je n'aime pas vraiment l'école.

Kate : Ah bon, en quoi est-ce un problème ?

Julie : Et bien, je suis dans une classe spéciale, et...

Maria : Elle est dans une classe de rattrapage et chaque fois qu'on lui demande quelque chose, elle ne le fait pas... apprendre par exemple. C'est de pire en pire. Je suis allée à l'école hier et son professeur m'a dit qu'elle ne levait pas la main pour prendre la parole en classe, elle ne fait pas *(paraissant encore plus déçue)*... elle dit n'importe quoi, elle est insolente avec son professeur, elle ne veut pas participer.

Kate : Et c'est la première fois qu'on vous en parlait, ou bien...

Maria : Non, j'ai essayé de faire quelque chose. Mais je ne sais tout simplement plus quoi faire. Et cet état de choses nous rend tous malheureux. Le professeur ne sait plus quoi faire, je ne sais pas quoi faire, et je ne pense pas que Julie le sache non plus. Un jour elle va bien travailler en classe...

Julie : *(À voix basse)* Comme aujourd'hui.

Maria : Et ensuite, il y a des jours entiers où elle ne fera tout simplement rien du tout. Elle se décourage si facilement et...

Kate : *(Elle l'interrompt)* Attendez une minute, vous avez bien dit qu'il y a des jours où elle participe et travaille bien... comme aujourd'hui ?

Julie : Oui.

Mon approche de la thérapie a été en grande partie influencée par le modèle centré sur la solution développé par l'équipe du Centre de

Thérapie Familiale Brève (BFTC) de Milwaukee (De Shazer, 1985, 1988 ; De Shazer et al., 1986). L'équipe du BFTC a mis l'accent sur l'importance d'utiliser tout comportement orienté vers la solution déjà existant chez le client, ce qu'elle appelle les « exceptions ». Les exceptions sont ces petites attitudes ou ces petites expériences des clients qui sont en contradiction avec la description du problème. Dans le cas de Julie et de sa mère, j'ai été frappé de disposer si tôt dans la séance d'une exception aussi utile que « les bons jours ». Alors qu'elle expliquait jusqu'à quel point les choses s'étaient mal passées ces derniers temps, Maria a signalé en passant (et d'un air déçu) que Julie avait parfois de bons jours, ce à quoi Julie ajouta, « comme aujourd'hui ».

Dans mon approche de la thérapie, on cherche à construire sur ces petites expériences qui se trouvent déjà dans le répertoire des clients ; je suis donc à l'écoute de ce type-même de commentaire que Maria venait de faire. Dès qu'une exception est identifiée, le processus thérapeutique consiste à s'enquérir des *différences* entre le « comportement exceptionnel » et le « comportement problématique ».

Kate : Vraiment ? ! Qu'est-ce qui euh... dis-moi, en quoi des jours comme aujourd'hui sont-ils différents ?

Julie : *(Elle hausse les épaules.)*

Kate : Qu'est-ce que tu fais pour que ça arrive ?

Julie : Ils arrivent tout simplement.

Kate : Ils arrivent tout simplement ? En quoi un jour comme aujourd'hui est-il différent des autres qui peut-être ne sont pas aussi bons ? (*Pas de réponse.*)

Kate : Je veux dire, si par exemple j'avais deux cassettes vidéos, que l'une d'elles te représente aujourd'hui en classe et que l'autre te représente dans un jour pas aussi bon. Comment est-ce que je saurais laquelle est celle d'aujourd'hui ?

Julie : Et bien, *(à voix basse)* certains jours mon esprit me dit d'être sage et d'autres jours il ne me le dit pas.

Kate : Je suis désolée, je n'ai pas bien compris. Certains jours quoi ?

Julie : Mon esprit me dit d'être sage et d'autres jours il ne me le dit pas.

Kate : Ah vraiment ? !

Julie : Oui, oui.

Kate : Qu'est-ce que tu fais de différent quand tu es sage ?

Julie : Je fais...

Kate : Oui.
Julie : ... Je lève la main.
Kate : Tu lèves la main ?
Julie : Oui.
Kate : Bon. Quoi d'autre ?
Julie : Je ne bavarde pas.
Kate : Et que fais-tu au lieu de bavarder ?
Julie : Je reste assise et je lève la main.
Kate : Oui. Bon, alors c'est ça le principal ?
Julie : Oui.
Kate : Bien, maintenant, je veux juste être sûre d'avoir bien compris à quoi ressemblent les bons jours ... comparés aux mauvais, d'accord ? Donc les bons jours, il t'arrive de lever la main ...
Julie : Oui. Et le travail est facile.
Kate : Et tu réponds aux questions ?
Julie : Oui.
Kate : Et tu ne parles pas à tout bout de champ... par exemple, tu attends...
Julie : ... que le professeur m'interroge.
Kate : Tu fais ça ?
Julie : Oui.
Kate : Quoi d'autre ?
Julie : Si c'est un travail facile je vais le faire tout de suite, si c'est difficile, je l'amènerai sans doute à la maison.
Kate : Bon, donc il y a plus de chances que tu fasses ton travail ?
Julie : Oui.

J'étais impressionnée que Julie soit arrivée à décrire si vite en quoi elle se comportait différemment dans ce qu'on appelait « les bons jours », et aussi parce qu'elle semblait être consciente de son pouvoir à les provoquer. Sa remarque : « certains jours mon esprit me dit d'être sage et d'autres jours il ne me le dit pas », semblait indiquer qu'elle considérait avoir une certaine influence sur son propre comportement. Après tout, pour avoir en fait de « bons jours », elle devait, au moins de temps à autre, écouter ce qu'elle avait à se dire à elle-même. J'ai décidé de ne pas développer directement ce point à ce moment-là, mais de le faire indirectement en continuant à formuler mes questions de manière à donner à entendre qu'elle était active dans ce processus.

Nous avons encore consacré un peu de temps aux « bons jours », en particulier à leur fréquence et à ce que le professeur de Julie me dirait avoir remarqué de différent chez elle dans ces jours-là. Je décidai ensuite d'inviter Maria et Julie à imaginer ce que serait leur avenir quand ce problème aurait disparu de leur vie. A propos de l'orientation vers l'avenir, Durrant et Kowalski (1990) ont souligné que de nombreux thérapeutes la mettent en pratique en formulant des questions centrées sur ce thème (par exemple, Lipchik, 1988b ; Penn, 1985; Tomm, 1987). Ils citent aussi la définition que O'Hanlon et Weiner-Davis donnent des « questions orientées vers l'avenir » : « on demande aux clients de visualiser et de décrire leur avenir débarrassé du problème » et pour eux il semble que « le simple fait de construire une image de la solution agisse comme un catalyseur qui favorise la mise en place de la solution. » (1989, p. 106)

Kate : Maintenant, imaginons qu'un jour dans le futur, vous regardiez en arrière et vous vous disiez : « On est allé parler avec Kate, ça nous a aidé, ça a fait une différence »...

Maria : Oui.

Kate : Qu'est-ce qui se passera de différent qui vous permettra de dire que les choses vont mieux ?

Maria : Et bien, j'imagine, même quand je, euh, je dirais « bon, bien, parfait, maintenant, il est temps de faire les devoirs, » ou « dans un quart d'heure... », j'ai essayé tout ça, « dans un quart d'heure, quand tu auras fini de regarder The Brady Bunch, nous ferons tes devoirs », et elle dira simplement « c'est d'accord maman ». Mais je n'entends jamais cela, c'est toujours, « Ouais plus tard, ouais plus tard », ou « Je ne suis pas obligée », ou « Tu ne peux pas me forcer », ou encore « Je n'ai pas envie ».

Kate : Bon. Donc un bon exemple de quand les choses iront mieux, c'est que Julie dira « d'accord » et elle se mettra à ses devoirs ?

Maria : Oui.

Kate : Bon... toute seule ou avec vous ?

Maria : Oh, ce serait bien toute seule, mais je les ferai avec elle.

Kate : Est-ce que Julie a déjà fait ses devoirs toute seule ?

Maria : Et bien, jusqu'en CM2, ils n'avaient pas vraiment de devoirs à la maison... ils faisaient tout à l'école. *(À Julie)* Est-ce que tu as eu des devoirs l'année dernière ? Pas autant. Je pense que maintenant il y en a davantage. Et je sais que les professeurs essaient... ils m'ont dit qu'ils essayaient de la rendre plus autonome, que dès qu'on passe chez les plus grands, il faut être capable de les faire tout seul. Et je comprends bien que c'est une étape importante à franchir, mais en ce moment c'est carrément insurmontable.

Kate : Bon. Donc, une des différences, c'est que Julie fera ses devoirs ?

Maria : Oui.

Kate : Qu'est-ce qui sera différent encore ?

Maria: Il semble qu'à chaque fois que la famille est rassemblée, tous les quatre, et que nous partons quelque part, il y a... toujours quelqu'un ou quelque chose qui ne va pas, nous ne quittons jamais la maison tous contents en disant : « C'est bien ». Il y a toujours un petit ou un gros problème, ou c'est les vêtements qui ne conviennent pas ou c'est quelqu'un qui est assis à la mauvaise place...

Julie : Ouais, mais pour aller où ?

Maria : Bon, si nous sortons, ne serait-ce que pour aller à l'église et que nous sommes toutes les trois, il faut toujours que tu sois assise devant et qu'on roule la fenêtre ouverte. Sa grande sœur doit se mettre derrière et veut fermer la fenêtre, mais Julie ne veut pas changer de place et Jenny râle parce qu'elle est décoiffée, et c'est toujours la même histoire. Et qui cède ? Pas Julie... la plupart du temps.

Kate : Alors qu'est-ce qui se passera de différent quand les choses iront mieux ... dans ce genre de situation ?

Maria : Et bien, peut-être qu'elles en discuteront et diront : « D'accord, Jenny tu peux te mettre devant et garder la fenêtre ouverte ou fermée, et je m'en fiche si je suis décoiffée. »

Kate : Donc les sœurs seraient..., elles seront plus conciliantes.

Maria : Ouais.

Kate : Quoi d'autre ?

On est souvent tenté de se laisser distraire par la description que font les clients des comportements ou des problèmes qu'ils veulent changer, mais il est important de persister à les encourager à imaginer l'état désiré. Beaucoup de clients trouvent que c'est très difficile car ils sont habitués à penser à eux-mêmes et au problème d'une certaine façon, et ils n'ont pas l'habitude d'exprimer en termes précis en quoi ils veulent que les choses soient différentes.

J'ai utilisé les exemples que Julie et Maria ont évoqués pour rechercher d'autres exceptions. Les questions orientées vers l'avenir sont très utiles dans ce sens qu'elles peuvent être une autre façon d'identifier des comportements déjà existants orientés vers la solution.

Comme c'est souvent le cas quand on reste centré sur la solution, les clients fournissent souvent spontanément d'autres exemples d'exceptions au problème. Dans le cas présenté, Maria m'a raconté d'autres épisodes où Julie avait su se montrer responsable.

Maria : Il se trouve que nous avons quelques amis qui ont des enfants en bas âge et on peut vraiment compter sur elle ; elle fait du baby-sitting chez eux et elle prend soin des enfants...
Kate : Julie fait ça ? !
Maria : Oui !
Kate : Oh, c'est très bien !
Maria : Et elle le fait si sérieusement que je suis toujours étonnée, je me dis que c'est merveilleux.
Kate : Waou ! Oui !
Maria : Mais alors... à côté de ça, elle peut se montrer si têtue et si bête qu'elle ne fera absolument rien pour m'aider.
Kate : Donc Julie sait se montrer responsable ?
Maria : Oui !
Kate : Non seulement elle s'occupe d'elle mais aussi d'autres enfants ?
Maria : Oui, absolument.
Kate : Waou ! C'est super !
Maria : Bien sûr !
Kate : Oui ! Est-ce que tu savais que ta mère te trouvait responsable ?
Julie : Non, elle ne me l'a jamais dit.
Kate : Ca t'étonne d'entendre ça ?
Julie : Oui.
Kate : Est-ce que tu te trouves responsable ?
Julie : Non.
Kate : Tu ne penses pas l'être ?
Julie : Non.
Kate : Comment ça se fait ?
Julie : Parce que personne ne m'a jamais dit que je l'étais.
Kate : Est-ce que tu penses qu'un truc comme le baby-sitting et prendre aussi bien soin de ces enfants, nécessite une personne responsable ?

Julie : Oui.

Kate : Oui ? Et tu fais tout ça, hein, ... ce que je veux dire, c'est que ta mère n'invente pas ça, n'est-ce pas ?

Julie : Non, et demain soir je fais du baby-sitting.

Kate : Ah oui ?

Julie : Oui !

Kate : Super !

J'ai trouvé intéressant que Maria commence à élargir son point de vue sur le comportement de Julie en mentionnant le baby-sitting comme une preuve de sa capacité à être responsable. Ainsi, on était passé d'une Julie qui avait de « bons jours » à l'école à une Julie qui savait être « responsable ».

J'ai continué à demander à Julie comment elle faisait pour se montrer si responsable, une présentation d'elle-même qu'elle trouvait maintenant amusante. Et curieusement, elle m'a répondu que c'est sa mère qui le lui avait appris.

Message de synthèse : développer pour en remarquer davantage.

A l'issue de ma « pause-réflexion », après avoir consulté mon collègue derrière le miroir sans tain, je délivrai mon message de synthèse.

Kate: Laissez-moi vous dire ce que j'en pense. Euh, je dois vous dire que vous nous impressionnez vraiment toutes les deux... *(La mère prend un air surpris)*, ça peut vous étonner parce que je sais combien cette situation est pénible.

Julie : *(Elle l'interrompt)* Très pénible !

Kate : *(À Julie)* Tu peux en parler, hein ? !

Kate : Mais Maria, il est évident que vous êtes une mère très affectueuse, soucieuse, et consciencieuse.

Julie : *(Elle l'interrompt)* C'est vrai.

Kate : ... qui veut vraiment... et Julie le sait... qui veut vraiment ce qu'il y a de mieux pour Julie.

Maria : *(En pleurant)* C'est vrai.

Kate : Oui, et c'est tout à fait évident.
(Julie tapote le bras de sa mère.)

Kate : Et nous sommes vraiment frappés par l'éducation que vous lui avez donnée pour qu'elle se montre aussi responsable dans certains domaines. Elle s'occupe très bien des animaux.

Maria : C'est vrai.

Kate : C'est une bonne baby-sitter... et beaucoup d'enfants de son âge, aussi compétents soient-ils dans d'autres domaines, ne pourraient pas le faire... ils ne seraient pas suffisamment responsables pour s'en charger. Et...

Maria : Je le sais ! Si je dis à quelqu'un : « Julie me donne beaucoup de mal en ce moment », ils n'en croient pas leurs oreilles : « Ça n'est pas possible » ; ils s'attendraient plutôt à cela de la part de l'aînée parce qu'elle n'est pas responsable et qu'elle est très frivole et...

Kate : Et je suis sûre que ce qui rend les choses aussi pénibles, c'est que vous savez bien que Julie est sérieuse dans un tas de domaines et qu'elle en est capable. Elle ne se connaît pas sous cet angle, mais vous, oui.

Maria : Oui, oui.

Kate : Et je vois bien que vous y mettez beaucoup de vous-même pour essayer de l'aider. Et je pense que c'est très bien... D'après moi, il y a beaucoup de parents qui se contenteraient de dire : « Qu'est-ce que j'y peux ? », et qui baisseraient les bras.

Maria : Ça ne suffit pas à mes yeux.

Kate : Quant à toi Julie, nous pensons que tu es franche et honnête, et tu es venue me parler aujourd'hui. Et je pense que c'est particulièrement bien car c'est difficile de venir parler avec quelqu'un qu'on ne connaît pas. ... Et tu m'es apparue comme quelqu'un qui dit ce qu'il pense, et je trouve que c'est bien. Je parle avec beaucoup de jeunes de ton âge et la plupart sont timides, ils ont peur de parler, ils ne disent pas ce qu'ils pensent, mais toi, tu es quelqu'un qui sait exprimer ce que tu penses... je trouve ça bien. Mais il y a autre chose, c'est que je suis... pas stupéfaite, le mot serait trop fort, mais je trouve que c'est vraiment bien que tu saches comment faire pour avoir de bons jours. Tu vois ce que je veux dire ?

Julie: Oui !

Kate : Tu sais comment faire pour avoir de bons jours à l'école puisque tu le fais parfois... tu as déjà dit que tu l'avais fait cette semaine à deux reprises. Et quelquefois, tu peux faire en sorte que ton esprit te dise d'être sage, et c'est tout à fait étonnant. Et tu as éveillé ma curiosité car je ne suis pas sûre d'avoir bien compris comment tu fais... comment tu fais pour que ton esprit te dise d'être sage, et qu'ensuite non seulement ton esprit te le dit, mais tu le fais vraiment... c'est très étonnant. Et je voudrais que tu m'expliques comment tu fais, d'accord ? Alors tu ne vas pas tellement apprécier, mais cela ne sera pas trop méchant, je vais te donner un petit travail à faire à la maison.

Maria : *(Elle rit)*

Kate : Ce ne sera pas vraiment un travail difficile. D'accord ? Peut-être que je ne devrais même pas appeler cela des devoirs, on pourrait peut-être parler d'expérience ou de quelque chose de ce genre. Ce que je veux que tu fasses... Tu m'écoutes ?

Julie : Oui, j'écoute.

Kate : Je veux que tu sois vraiment attentive, vraiment très attentive la prochaine fois où tu auras un bon jour. D'accord ?

Julie : Comme demain !

Kate : Comme demain... Je veux que tu observes comment tu fais pour avoir un bon jour. D'accord ?

Julie : D'accord !

Kate : ... Et je veux que tu observes comment ton professeur réagit et comment ton père et ta mère réagissent.

Julie : D'accord.

Kate : D'accord ?

Julie : Ouais !

Kate : Essaie de t'en souvenir si tu as une bonne mémoire, sinon, si ça peut t'aider, note-le, parce que, quand nous nous verrons la semaine prochaine, je te poserai des questions à ce sujet.

Julie : Entendu.

Kate : Quant à vous, Maria, je voudrais que vous guettiez tous les signes qui montrent que Julie va avoir un bon jour et ce qui est différent chez elle qui vous fait penser : « Tiens, elle va avoir un bon jour aujourd'hui »... quand vous pouvez le prédire. Votre mari peut y participer aussi si vous le souhaitez.

Maria : Oui.

Kate : Oui, et n'en parlez pas entre vous... vous devez le faire chacune de votre côté, d'accord ?

Maria : D'accord.

En récapitulant la séance, je voulais m'appuyer sur cette information « nouvelle », à savoir cette nouvelle façon qu'avaient Julie et Maria de se considérer elles-mêmes par rapport au problème. Pour amener la tâche que j'allais leur proposer, il m'a semblé important de leur dire à toutes deux combien j'étais impressionnée par leurs efforts, ce qui était vrai ! Bien qu'en fin de compte le plus important, c'est que les clients en viennent à apprécier à leur juste valeur leurs efforts et leurs réussites, je pense qu'il est utile pour le client que le thérapeute les reconnaisse et les valide. J'ai été ému par les larmes de Maria lorsque je lui ai dit tout à fait franchement que je la considérais comme une « mère affectueuse, soucieuse et consciencieuse ». Les tâches d'observation (De Shazer et Molnar, 1984) étaient destinées à concentrer l'attention de Julie et de Maria sur les exceptions plutôt que sur les problèmes, afin de construire sur ce qui avait déjà marché.

Deuxième séance, dix jours plus tard

J'ai débuté la séance en demandant à Julie comment elle s'était débrouillée pour avoir de bons jours à l'école. Dans le cadre de la thérapie « brève », il me paraît très utile de structurer les questions de façon à sous-entendre le changement vers la solution. En respectant cette idée, la question que je posais à Julie suggérait implicitement qu'elle avait continué à avoir de bons jours, et que c'était elle qui faisait quelque chose pour qu'il y en ait.

Julie vint près de moi pour me montrer le carnet de notes où ses professeurs avaient commenté son attitude. Tandis qu'elle tournait les pages et que je lisais les observations à voix haute, elle était visiblement très fière d'elle-même. On pouvait lire : « Julie essaie de se maîtriser, j'espère qu'elle va continuer » ; « Très bonne journée, enfant adorable, très bonne participation, elle peut le faire ! » ; « Des progrès » ; « S'est installée gentiment, a suivi les consignes, il est évident que j'espère que ça va continuer » ; « Bonne journée, a suivi les instructions, a bien travaillé » ; « Pas mal, elle a tenu le coup, la maîtrise de soi, c'est la vie » ; « Sacrée fille, six bonnes journées, c'est un rayon de soleil dans ma vie ! ». J'ai trouvé que Julie avait tout à fait changé d'allure. Elle était sensiblement plus sûre d'elle-même, ce qui laissait deviner une plus grande maîtrise d'elle-même.

Le changement dans l'apparence de Maria était également spectaculaire. Tandis qu'à la première séance elle semblait crispée, déçue et accablée, elle était à présent très vive, gaie, et fière des exploits de Julie.

J'ai félicité Julie et lui ai demandé de me raconter comment elle avait fait.

Julie : Quand mon professeur me dit que j'ai bâclé un travail et que je dois recommencer, je me dis que je dois le faire, sinon maman criera et je n'aurais pas de surprise en rentrant à la maison.
Kate : Donc, tu t'es beaucoup parlée à toi-même, c'est ça ?
Julie : Oui, je le fais souvent.
Kate : Et tu t'es écoutée.
Julie : Ouais.
Kate : Est-ce que c'est nouveau, est-ce que c'est différent ?
Julie : Non, j'ai toujours fait ça.
Kate : Tu as toujours fait ça. Tu as toujours fait quoi, te parler à toi-même ?
Julie : Et si je n'écoute pas, je me gronde !
Maria : Vraiment ? !
Julie : Oui, oui.
Kate : Alors, qu'est-ce qui est différent maintenant que tu te parles, que tu t'écoutes, et que tu le fais ?
Julie : Mon professeur de math est gentil maintenant...
Kate : Oui.
Julie : Parce que, si j'ai un bon jour, quand je reviens le lendemain, elle est contente parce que j'ai eu un super jour la veille. Alors ça continue.
Kate : Alors dis-moi, est-ce que tu as remarqué que plus tu as de bons jours, plus tu as envie d'avoir de bons jours ?
Julie : Oui, oui.
Kate : Alors as-tu découvert que tu préfères les bons jours aux mauvais ?
Julie : Oui, oui.
Kate : Comment ça se fait, qu'est-ce qui est mieux dans les bons jours ?
Julie : Bon, vous voyez, avec mon professeur du cours de rattrapage, Mademoiselle Cavanough : si je suis sage et que les autres enfants

ne le sont pas, je vois comme elle crie après eux, et je ne veux pas que ce soit comme ça avec moi.

Kate : Qu'est-ce qui t'as fait prendre cette décision ?

Julie : Parce qu'ils se sont ridiculisés ! Et moi je ne veux pas.

A ce moment-là, j'ai demandé à Maria qui avait un sourire jusqu'aux oreilles en écoutant Julie raconter ses exploits, ce qu'elle pensait de tout cela. Elle me répondit qu'elle ne savait pas exactement ce qui avait fait une différence et, pour essayer de résumer les choses, elle se mit à me parler d'un matin particulier où Julie avait piqué une colère avant d'aller à l'école. Julie l'interrompit pour lui rappeler que, même si la journée avait mal commencé, elle s'était parlée à elle-même sur le chemin de l'école et s'était finalement dit qu'elle aurait une bonne journée. Je me montrais particulièrement curieuse sur ce point car, selon mon expérience, transformer un jour qui s'annonce difficile en un bon jour n'est pas chose facile.

Quand j'ai demandé à Maria si elle avait réussi à prédire les bons jours, elle me répondit qu'elle s'était trompée ce matin-là. Pour éviter de rester bloquées sur cet « incident » dans une période par ailleurs satisfaisante, je m'obstinais à questionner Maria sur les autres jours. Elle répondit avec enthousiasme : « Bien, elle a été bien ! »

Nous avons passé le reste de la séance à mettre en valeur les nouveaux comportements de Julie et les nouvelles réactions de Maria. Au début, Maria disait qu'elle ne pensait pas faire quoi que ce soit de différent. Même si j'étais convaincue du contraire, je pensais qu'il valait mieux éviter de la contredire sur ce point et qu'il était préférable de lui demander ce qu'elle avait remarqué que Julie faisait différemment. Je posai alors une série de questions sur les réactions de Maria aux succès de Julie, questions qui amenèrent Maria à reconnaître qu'elle avait changé : elle fixait des limites plus claires, elle évitait de se laisser piéger dans des disputes futiles avec Julie, elle la récompensait pour ses efforts et ses succès, et elle l'encourageait fréquemment par ses commentaires.

Même si Maria était visiblement très contente des progrès de Julie à l'école, elle continuait de s'inquiéter au sujet des conflits et des disputes entre Julie et sa sœur à la maison. J'ai vu en cela une possible « diversion » qu'il valait mieux éviter pour ne pas distraire notre attention des succès de Julie et de leur nouvelle façon d'envisager un avenir différent.

Néanmoins, il m'a semblé important de valider l'inquiétude de Maria en en discutant un moment, et j'ai ensuite suggéré de mettre ce problème « en attente » pour un certain temps afin de ne pas diminuer le sentiment de réussite de Julie à l'école et de l'encourager dans ses efforts. Maria en fut d'accord.

J'ai conclu la séance en félicitant Julie de sa capacité à se consulter elle-même, puisque, apparemment, elle avait beaucoup de choses très salutaires à se dire. J'ai ajouté que j'étais très impressionnée par le fait que, non seulement elle avait de bonnes choses à se dire, mais qu'en plus elle était assez intelligente pour écouter. Julie semblait contente qu'on la trouve intelligente et m'approuva complètement ! J'ai dit à Maria que j'étais impressionnée par sa capacité à prédire « les bons jours » de Julie et à l'en récompenser.

J'ai également commenté un incident qu'elles m'avaient raconté et qui s'était produit au cours de la semaine passée, quand Maria avait rappelé à Julie qu'elle avait un contrôle en science et qu'elle l'avait incitée à réviser. Julie avait répondu qu'elle avait déjà révisé et qu'elle savait tout. J'ai fait remarqué que, dans le passé, Maria aurait insisté pour que Julie prouve qu'elle connaissait bien sa leçon, mais que ce jour-là elle avait résisté à la tentation et avait laissé Julie en juger d'elle-même. On aurait dit que Maria reconnaissait sagement et intuitivement que Julie était en train d'apprendre à être responsable de sa personne et que, pour apprendre cela, il fallait lui donner des occasions de s'exercer. Maria était très réceptive à cette idée et accepta ma suggestion de continuer à être attentive à la façon dont Julie prenait de plus en plus de responsabilités. Tout ce que j'ai conseillé à Julie, c'est de continuer à remarquer comment elle se débrouillait pour avoir de bons jours à l'école. Nous avons alors fixé un autre rendez-vous pour deux semaines plus tard.

Troisième séance

Julie, Maria et Joe participaient à cet entretien. J'avais déjà discuté avec Maria de la possibilité que Joe nous rejoigne, notamment parce qu'il était ennuyé par les conflits et les chamailleries entre ses deux filles. Il paraissait plutôt content de participer à cette séance malgré ses réticences avouées à chercher de l'aide en dehors de la famille. Je l'ai remercié d'être venu et lui ai dit que je pensais qu'il serait très utile de connaître son point de vue de la situation car il comptait visiblement beaucoup pour Julie.

Je commençai par demander comment les choses s'étaient passées depuis notre dernière entrevue et tout le monde fut d'accord pour dire que Julie continuait à bien se débrouiller à l'école. Ils semblaient tous très satisfaits de cela, et Julie me dit que son professeur était content d'elle, lui aussi. J'ai interrogé Joe sur les changements qu'il avait remarqués chez Julie, et il me raconta comme il était agréable d'arriver à la maison et d'entendre parler de toutes les choses positives que Julie avait faites à l'école au lieu d'entendre parler des problèmes.

Malgré tout cela, Maria et Joe étaient visiblement toujours préoccupés par les conflits entre Julie et sa sœur, conflits dont, selon eux, Julie était la première responsable. Alors que nous commencions à examiner cette difficulté et leur façon d'y réagir, je me suis rendue compte que Joe et Maria avaient des idées bien différentes sur la façon d'appréhender les problèmes qui survenaient du fait du comportement de leurs filles. J'ai alors pensé qu'il valait mieux ne pas discuter de ces difficultés parentales en présence de Julie. En effet, quand les enfants ont conscience des divergences entre leurs parents, ils ont plutôt tendance, parfois par inadvertance et parfois volontairement, à jouer dessus, ce qui aggrave souvent les désaccords entre les parents. De plus, les discussions sur ce genre de différend sont souvent très difficiles pour un couple et encore plus en présence de leurs enfants. Ils semblèrent soulagés quand je proposai que l'on consacre quelques temps à ces « histoires d'adultes » et que Julie accepta de nous laisser.

Nous avons discuté un moment des idées de chacun pour gérer les disputes des filles. Joe reconnut volontiers qu'il était partisan d'une « ligne dure » et qu'il intervenait très vite pour ordonner aux filles d'arrêter. Ce qui semblait efficace pour un temps, mais pas dans le long terme. Maria dit que son approche était plus « calme » en ceci qu'elle essayait de parler avec les filles et d'obtenir qu'elles résolvent leur différend par le dialogue. Apparemment, c'était parfois efficace, mais pas toujours. S'ils se disaient tout deux découragés par ce problème, ils reconnaissaient que c'était Joe qui avait le plus de mal à s'en sortir. Depuis quelques temps, il préférait battre en retraite, soit en quittant la pièce pour se réfugier dans une autre partie de la maison, soit en allant faire un tour à pied ou en voiture. Cette réaction laissait Maria dans un état de frustration de plus en plus grande vis-à-vis de Joe et de ses filles, car elle se sentait rejetée et incompétente dans son rôle de mère.

Nous en sommes venus à parler non seulement de leurs différences à eux, mais aussi des différences entre leurs filles. Ils furent tous deux d'accord pour dire que Jenny semblait, en général, réagir assez bien à l'approche « plus souple et plus désinvolte » de Maria, alors que Julie semblait avoir besoin de plus de fermeté et de rigueur. Maria se rappela deux occasions récentes où elle avait adopté une attitude plus « autoritaire » avec Julie et des effets positifs qui en avaient résulté. J'ai terminé la discussion en affirmant que, pour moi, c'était une chance que Maria et Joe aient chacun des domaines de compétence différents à offrir à leurs enfants et que chacun d'eux possédaient des savoir-faire pour certains des aspects les plus importants du rôle des parents. J'ai proposé que, plutôt que de considérer leurs différences comme un problème, il serait sans doute plus utile pour nous de les interpréter comme une ressource pour aider leurs enfants à devenir de jeunes femmes responsables. Au point où elles en étaient, Julie semblait avoir besoin d'une plus grande fermeté, d'une approche plus directe, tandis que Jenny réagissait mieux à plus de souplesse. J'ai conclu en suggérant à chacun d'être attentif à ce que l'autre faisait avec leurs filles et qui semblait marcher, ce qu'ils acceptèrent.

J'ai ensuite vu Julie en tête-à-tête et nous avons essentiellement discuté de la façon dont elle s'y prenait pour continuer à bien travailler à l'école. Nous avons brièvement passé en revue ses idées pour moins se disputer avec Jenny, et elle a pu me raconter plusieurs situations où elle aurait pu entamer une dispute mais où elle s'était arrêtée d'elle-même. Je voulus en savoir plus sur cette faculté et sur sa façon de s'y décider et je lui demandai de bien vouloir noter comment elle s'y prenait pour résister à la tentation de se bagarrer avec Jenny. Nous avons décidé de nous revoir trois semaines plus tard.

Entretien téléphonique entre deux séances

Environ dix jours plus tard, Maria m'a téléphoné, très inquiète au sujet de Julie qui avait passé plusieurs jours vraiment horribles à l'école. Maria craignait qu'ils reviennent « à la case départ » et que tous les progrès de Julie partent en fumée. Elle se sentait de nouveau abattue et accablée, et elle ne comprenait vraiment pas ce qui avait bien pu se passer pour donner cette tournure aux événements. J'ai rassuré Maria en lui expliquant que, même si cela prenait l'allure d'une rechute, je trouvais que c'était tout à fait normal et naturel étant donné les changements impressionnants que Julie avait réalisés. Je me suis excusée d'avoir été si emballée par les progrès que j'en avais négligé de prévenir la famille du risque de rechute. Je lui ai également expliqué que souvent, quand les enfants apprennent à devenir plus responsables, ils ont besoin de se tester un peu pour s'assurer qu'ils peuvent « se remettre sur les rails ». Maria semblait soulagée d'entendre tout cela et accepta volontiers mes excuses et mon explication. Je lui ai rappelé qu'elle avait déjà utilisé de nombreuses stratégies efficaces pour aider Julie et je l'ai encouragée à continuer dans cette voie. Je l'ai assurée que je serais heureuse de les voir à nouveau avant le rendez-vous prévu si elle le jugeait nécessaire. Elle me dit qu'elle y penserait, mais que pour l'instant, elle était contente d'affronter le problème toute seule.

Quatrième séance : notre dernière rencontre

Cette séance eut lieu à la date prévue et réunit Maria et Julie. Ne sachant pas à quoi m'attendre, je fus contente de voir qu'elles semblaient toutes deux heureuses et détendues. Je fus également étonnée de voir que Julie semblait si confiante alors que nous plaisantions sur les « déraillements » qui s'étaient produits pendant un temps.

Maria : Oh là là ! Ça a pas mal déraillé à un moment ! *(dit-elle en riant.)*

Kate : Ah oui ? Si je comprends bien, maintenant on est de nouveau sur la bonne voie.

Julie : Oh oui !

Kate : Comment as-tu fait pour qu'on soit à nouveau sur la bonne voie ?

Julie : Mon professeur m'a dit qu'il le fallait.

Kate : Oui. Alors qu'est-ce qui t'a décidé à l'écouter ?
(Pause)

Maria : Ça paraît déjà si loin, n'est-ce pas ?

Kate : Vous voulez dire que vous êtes sur la bonne voie depuis longtemps ?

Julie : Oui.

Maria : Je ne sais plus exactement quand je vous ai appelée, mais le lendemain, elle était mieux.

Maria me fit part de la conversation qu'elle avait eue avec Julie en la ramenant cet après-midi-là de l'école et qu'elle lui avait rappelé leur rendez-vous avec moi. Et elle avait ri quand Julie lui avait répondu : « Pourquoi ? Qu'est-ce qu'elle fait pour notre famille ? ! » Cette remarque m'a paru amusante et j'y ai vu le signe évident que Julie savait que c'était elle qui créait les changements dans sa vie et pas moi. Nous avons passé quelques minutes à discuter et à rire en nous demandant qui « en faisait le plus » pour aider Julie à avoir de bons jours. A l'unanimité, Julie fut reconnue bel et bien responsable de ses changements.

Devinant que c'était sans doute notre dernière entrevue, j'ai posé de nombreuses questions pour les aider à donner de la valeur aux changements que Julie et sa famille avaient mis en place.

Kate : Alors qu'est-ce qui se passe que vous voudriez voir continuer ?

Maria : Et bien, voyons. Julie a de bons jours à l'école !

Kate : Vraiment ? !

Julie : Oui, et l'autre jour elle *(montrant sa mère)* m'a apporté un gros gâteau.

Maria : *(Elle l'interrompt)* Et je n'étais même pas sûre qu'elle avait eu un bon jour parce qu'en partant de la maison elle était très ronchon. Mais même en quittant la maison en ronchonnant, elle a eu un bon jour.

Kate : Waou !

Julie : Oh, je fais toujours ça.

Kate : Donc vous supposiez qu'elle aurait retourné la situation ?

Maria : Ouais. Mais j'ai laissé le gâteau dans la voiture parce qu'elle devait rester dans sa chambre jusqu'au retour de son père vu qu'elle avait été désagréable. Elle y est restée jusqu'à ce que son père rentre et quand j'ai vu sur son cahier d'école qu'elle avait eu un bon jour, je me suis dit : « Bon, je vais sortir le gâteau ! ».

On a commencé par commenter les décorations d'Halloween du gâteau, comme il était bon et comme la famille bénéficiait du bon jour de Julie, puis nous avons abordé d'autres points positifs qui satisfaisaient la famille. Maria dit que tout le monde semblait mieux s'entendre à la maison, qu'il y avait moins de disputes, et que Joe s'était plus impliqué avec les filles. Elle m'expliqua comment elle s'y prenait pour aider Julie à apprendre à être plus responsable, que ce soit en étant plus déterminée et plus claire sur ce qu'elle attendait d'elle, ou en l'encourageant quand elle se montrait responsable.

Nous avons enchaîné avec une autre question que je pose souvent lors de la dernière séance :

Kate : Alors dis-moi, est-ce que cette belle histoire va durer ?
Julie : Et bien, je l'espère.
Kate : Oui...
Julie : Oui, je crois.
Kate : Donc tu penses que ça va durer ? Tu crois que tu sais ce qu'il faut faire pour que cette belle histoire continue ?
Julie: Oh, oui !

J'ai demandé à Julie d'évaluer sur une échelle numérique (Kowalski et Kral, 1989) sa confiance en la persistance des bons jours. Sur une échelle de 0 à 10, elle a évalué sa confiance à 9, en disant : « Bon, je sais que j'aurais peut-être un mauvais jours de temps à autre, mais tout ce que j'espère c'est que je n'en aurai qu'un ! » Ça m'a parut être un point de vue très réaliste.

Kate : Et penses-tu que, quand tu auras un mauvais jour, tu sauras comment revenir à de meilleurs jours ?
Julie : Et bien, oui, « puisque je n'ai droit qu'à un seul ! »
Kate : D'après toi, quelle est la chose la plus importante, la plus essentielle que tu puisses faire pour que les bons jours continuent à se produire ?
Julie : Et bien, tout ce que j'ai à faire, c'est écouter mon professeur, parce que je sais que si je ne le fais pas, alors je n'en aurais pas, et je serais énervée, et je me ferais sortir, et j'en serais malade, et je leur parlerais vraiment méchamment et je finirais comme d'habitude dans le bureau du directeur !
Kate : Donc, le plus important c'est d'écouter tes professeurs et de faire ce qu'ils te demandent ?
Julie : Oui, parce que si je ne le fais pas je m'attire beaucoup de problèmes.
Maria : Quand as-tu pris conscience de tout ça ?
Julie : Quand j'étais au coin !
Maria : Oh ! Ça fait des années que j'essaie de te l'expliquer Julie.

Julie : Je sais, maintenant je m'écoute !

Kate : Vous êtes surprise qu'elle s'écoute et qu'elle aie découvert tout cela ?

Maria : Oui, je parie que je le lui ai dit une bonne centaine de fois.

Kate : Bien sûr. Je pense que c'est quelque chose que Julie devait apprendre par elle-même.
(Julie et sa mère rient.)

Maria : J'en suis baba !

Kate : Et tout d'un coup, peu importe comment, Julie a décidé qu'elle pouvait commencer à s'écouter, et elle a de bonnes choses à se dire, et c'est vous qui lui en avez appris une bonne partie.

Maria : *(Elle rit.)* Je n'arrive pas à y croire, c'est stupéfiant. Je suis si fière de toi ! C'est vraiment du bon travail !

J'ai ensuite demandé à Maria d'évaluer sa confiance sur la même échelle. Sa réponse fut « 7,5 », ce que j'ai interprété comme une « prudence tout à fait saine ». Julie n'était pas contente de la réponse de sa mère et a essayé en plaisantant d'améliorer le score. Pour montrer à Julie qu'il y avait un espoir que sa mère devienne plus confiante, j'ai demandé à Maria d'imaginer que quelques semaines plus tard, elle se situerait à « 9 » : à son avis, qu'est-ce qui pourrait s'être passé entre maintenant et ce moment-là ? Elle répondit que si Julie avait deux semaines de bons jours à l'école, cela ferait une différence. Cette réponse parut satisfaire Julie et elle nous indiqua qu'elle n'avait pas l'intention d'avoir plus d'un mauvais jour d'ici la fin du trimestre. Cette affirmation me conforta dans l'idée que Julie avait fini par se rendre compte qu'elle pouvait faire ce qu'il fallait pour se montrer responsable.

Derniers commentaires pour une dernière séance

Après une courte pause-réflexion pour « faire le point » (toute seule cette fois), j'ai récapitulé mes réflexions sur cette séance.

Kate : Bien, félicitations ! *(Julie et Maria rient.)* Vraiment, pour votre détermination et votre persévérance ! Je trouve que c'est super. *(S'adressant à Julie)* Sais-tu ce que c'est la persévérance ?

Julie : Pas vraiment !

Kate : Cela signifie s'y tenir même si c'est difficile.

Julie : Ah ! oui !

Kate : Je pense que c'est super. Et tu sais ce qui me sidère le plus ?

Julie : Quoi ?

Kate : Je suis extrêmement impressionnée parce que, ce qui semblait être une rechute, ...

Julie : Ah ! oui.

Kate : ... tu sais, plusieurs jours pas très bons, tu as fait volte-face pour revenir sur la bonne voie. Et c'est quelque chose de très dur à faire.

Julie : Oh ! Pas pour moi. Bon, des fois, mais...

Kate : Tu vois, et tu as pris ce qui est difficile à faire pour la plupart des gens et tu en as fait quelque chose d'assez facile. Donc, cela signifie pour moi que tu dois être très forte. Ça me révèle également que tu as appris quelque chose de très utile des « jours pas très bons », par exemple ça t'aide à t'écouter, à écouter ton professeur, et qu'à ce moment-là, les choses se passent mieux à l'école et à la maison. C'est pas vrai ? ! Et tu dois être très intelligente pour avoir découvert tout cela. Et tu l'as très bien découvert. Et vous m'impressionnez beaucoup vous aussi Maria... par le fait que vous vous soyez accrochée, même si je suis sûre que vous étiez vraiment déçue par ces quelques jours, et parce que vous avez certainement été tentée d'abandonner et de penser « nous sommes revenus à la case départ, nous sommes à nouveau au commencement. » Mais vous ne l'avez pas fait. Vous vous êtes accrochée et vous avez aidé Julie à retourner la situation en l'encourageant, en fixant des limites claires, en disant : « C'est comme ça », et en la récompensant quand elle agissait bien. Je trouve ça super. Vous êtes toutes les deux sur la bonne voie. Je crois que vous savez ce que vous devez faire, alors continuez.

J'ai proposé de fixer un autre rendez-vous dans six semaines, qu'elles devaient annuler si ça continuait à se passer bien. En fait, c'est ce qui s'est réellement passé. Quelques jours avant le rendez-vous, Maria m'a téléphoné en disant que tout allait bien et qu'elle ne voyait pas l'utilité de cette séance.

Conclusion

Quand j'ai demandé à Julie et à Maria si je pouvais utiliser nos entretiens lors des formations que je dispense, Julie décida que l'histoire s'intitulerait « La fille au savoir-faire » (d'où le titre de cet article). Ce qui prouvait bien qu'elle pensait avoir résolu elle-même ses difficultés, qu'elle avait trouvé le « savoir-faire » pour les surmonter.

La prise de conscience de Julie de sa propre réussite illustre la philosophie fondamentale de l'approche centrée sur la solution. Dans la notion d'exceptions au problème, il y a l'idée que ces événements se produisent *déjà*. Ce qui veut dire que la solution au problème existe déjà dans le répertoire des clients au lieu d'être quelque chose que le thérapeute doit créer ou concevoir.

À travers ce cas, à partir du moment où dans la première séance les « bons jours » ont été mentionnés, mon objectif a été de donner toute leur valeur à ces exemples préexistants de maîtrise de soi, de responsabilité et de réussite pour permettre à Julie et à Maria d'apprécier leur signification. Je n'ai pas essayé d'encourager Julie à essayer quoi que ce soit qu'elle n'ait déjà fait. De la même façon, lorsque Maria et Joe ont confronté leurs différentes façons d'aborder le problème, j'ai cherché à leur offrir une façon de penser ces différences qui leur permettrait de prendre conscience de leurs points forts.

En fait, j'ai eu très peu d'informations sur la situation. La découverte des exceptions a interrompu ma collecte de renseignements au début de la première séance, et c'était là une information plus utile que de plus amples détails sur le problème. De la même façon, je n'ai pas contacté l'école de Julie pour avoir des renseignements ni pour leur donner de conseil. C'est l'information sur les « bons jours » qui a fait la différence et qui a permis à Julie de se montrer à elle-même, à ses parents et à son école qu'elle avait le savoir-faire pour réussir.

La thérapie centrée sur la solution est en général une thérapie brève. Construire sur quelque chose qui se produit déjà est presque toujours plus rapide que d'essayer de créer quelque chose à partir de rien.

CHAPITRE 10 — Animation de groupes centrés sur les compétences

Les conseillers psychopédagogiques sont souvent amenés à animer des groupes. Comment concevoir ce rôle sous l'angle de la thérapie brève ?

Selekman (1991) a esquissé la structure et le fonctionnement de groupes de parents selon les principes de la thérapie centrée sur la solution. Les membres de ces groupes sont des parents d'adolescents (généralement des adolescents présentant des problèmes d'abus de stupéfiants, entre autres) ; les groupes se retrouvent pour six séances hebdomadaires, et chaque séance est consacrée à un point particulier :

1ere séance : Introduire des idées nouvelles : ce qui comporte à la fois de se joindre aux parents pour définir un cadre, et de donner des informations sur les hypothèses fondamentales de cette approche, ce qui conduit à proposer la recherche des « exceptions » dans le comportement de l'adolescent au cours de la semaine suivante.

2eme séance : Rechercher de petits changements : le groupe discute des exceptions et de ce que les parents ont fait (intentionnellement ou non) pour favoriser leur survenue, ce qui amène à envisager la notion d'objectifs minimaux et à demander de prêter attention à tout ce qu'ils (les parents) font pour atteindre ces objectifs.

3eme séance : Ce qui marche : la discussion et le soutien du groupe portent sur les étapes franchies par les parents.

4eme séance : Faire quelque chose de différent : le groupe met en valeur les changements que chaque parent a obtenus et discute des stratégies spécifiques que les parents peuvent découvrir dans leurs succès.

5eme séance : Entretenir le changement : le groupe s'arrête sur les stratégies qui sont « différentes » et en discute.

6eme séance : Cérémonie : les parents organisent une fête, reçoivent des diplômes, etc.

Comme on peut le voir d'après ce bref exposé, le programme de groupe suit plus ou moins la progression à laquelle on pourrait s'attendre dans un cas de thérapie individuelle ou familiale. On exploite les phénomènes de groupe pour offrir plus d'idées, plus d'exemples à débattre et plus de soutien ; néanmoins, le procédé n'est pas très différent.

Le soutien mutuel est toujours un ingrédient important de ces groupes, mais la structure proposée par l'auteur permet d'orienter ce soutien vers les succès et le partage d'idées, plutôt que sur le partage des échecs.

Linda Metcalf, une collègue d'Arlington, au Texas, a utilisé les idées centrées sur la solution dans la thérapie de groupe en milieu hospitalier et en milieu scolaire, et elle a conçu des formulaires destinés à guider le fonctionnement du groupe.

L'un de ces formulaires a été utilisé dans un cadre hospitalier, où le programme prévoyait qu'il y ait des « séances de groupe » matin et soir. Bien entendu, de telles « séances de groupe » avaient pu être particulièrement difficiles en offrant une arène où donner libre cours à la colère, où « travailler sur » les crises et les échecs, où les gens se sentaient harcelés, où les clients s'affrontaient les uns les autres au sujet de certains aspects de leur comportement, etc. En fait, ces séances semblaient illustrer l'hypothèse que les groupes fournissent un contexte propre à la confrontation et à l'abréaction.

Linda a utilisé un formulaire (présenté page 147) afin d'orienter l'intérêt des groupes vers les succès. Les clients sont encouragés à débattre sur les succès de chacun et même à guetter la réussite des autres.

De même, Linda s'est trouvée amenée, dans certaines circonstances, à diriger un « groupe de colère ». Cette fois encore, l'existence du groupe renvoyait à l'hypothèse que le contexte de groupe offrait un environnement sécurisant pour étaler au grand jour les sentiments de colère. Cependant, Linda ne partageant pas cette orientation, elle a mis au point un formulaire (voir page 148) pour orienter l'intérêt du groupe de colère sur les moments où les membres de ce groupe avaient montré plus de contrôle d'eux-mêmes.

Dans ce groupe, elle a utilisé la technique « d'extériorisation » de White (1988) sur la colère, c'est-à-dire qu'elle a redéfini la colère comme quelque chose d'externe contre laquelle l'enfant pourrait « combattre ». Ainsi, les réunions du groupe tournent autour de ce thème, ce qui donne aux enfants une façon très concrète de penser aux conséquences de leur

Séances de groupe du matin et du soir

Fixer un objectif par jour est un moyen d'accomplir, en peu de temps, ce qui est vraiment important. Ces groupes se rencontrent tous les jours.

Groupe du matin

Date :
Objectif du jour :

1. Comment dans le passé avez-vous réalisé cet objectif, que ce soit en partie ou complètement ?

2. Comment avez-vous pu être assez avisé pour y arriver ainsi ?

3. Parmi les stratégies auxquelles vous avez eu recours jusqu'à présent, laquelle utiliserez-vous aujourd'hui ?

4. Sur une échelle de 1 à 10 (« 1 » signifierait ce qui est complètement irréalisable et « 10 », une réussite complète), où aimeriez-vous vous situer à la fin de la journée ?

Groupe du soir

5. Sur l'échelle de la question 4, où vous situez-vous par rapport à votre objectif ? Comment y êtes-vous parvenu ?

6. Demandez aux membres de votre groupe quels changements ils ont remarqués chez vous aujourd'hui, tandis que vous progressiez vers votre objectif.

Formulaire utilisé pour les « Séances de Groupe » du matin et du soir d'un programme hospitalier - © 1992, Linda Metcalf. Adapté et utilisé avec son autorisation.

Groupe de colère

La « colère » touche tout le monde de temps à autre. Donner libre cours et exhaler ses sentiments peut être une bonne façon de s'en libérer. Parfois cependant, la « colère » crée des problèmes dans notre vie, ce qui nous éloigne des autres, nous met en danger ou sabote l'avenir de nos projets et de nos relations. Le « groupe de colère » vise à vous aider à voir les moments où vous n'avez pas laissé la « colère » interférer avec votre vie. Personne ne peut être en colère 24 heures sur 24. Notre but dans ce groupe est d'identifier les fois où vous étiez en colère, mais où vous avez utilisé de bonnes stratégies pour faire en sorte que la « colère » ne prenne pas le dessus.
Utilisez le tableau ci-dessous pour vous aider à identifier les « déclencheurs » dont se sert la colère et comment vous avez empêché la « colère » d'attaquer votre vie.

Situations qui encouragent la colère à prendre le dessus (Quand la colère a essayé de me contrôler)	Situations où la colère n'a pas réussi à prendre le dessus (Comment j'ai contrôlé la colère)
1	1. ....
2	2. ....
3..	3. ....
4.	4. ....

A. Dans quelle situation aimeriez-vous aujourd'hui mieux contrôler votre colère ?
B. Quelle a été la dernière occasion où vous avez réussi à la contrôler ?
C. Comment avez-vous fait ?
D. Quel est votre projet pour aujourd'hui, basé sur la façon dont vous avez contrôlé la « colère » par le passé ?
E. Sur une échelle de 1 à 10 (1 signifie que la « colère est complètement aux commandes » et 10 signifie que « je suis complètement aux commandes »), où vous situez-vous maintenant ? ... En essayant ce qui a déjà marché auparavant, où voudriez-vous vous situer... (ce soir, ce week-end, etc.) ?

Formulaire utilisé dans « Les Groupes de Colère ».

colère. Cela les amène à faire la différence entre la colère « est aux commandes » et « je suis aux commandes » (la colère est toujours présente et exprimée, mais dans un contexte de contrôle relatif).

Ce sont deux exemples de programmes de groupes assez structurés, mais dont on a modifié la structure pour encourager la focalisation sur les compétences. Encore une fois, les étapes sont semblables à celles utilisées dans les séances de conseil psychopédagogique et on utilise les phénomènes de groupe pour encourager le succès et le mettre en valeur.

CHAPITRE 11 — Valoriser et développer le changement

Les approches de la thérapie brève reposent sur l'idée que nous pouvons faire de petits changements, et que ceux-ci peuvent mener (presque inévitablement) à de plus grands changements ; en effet, quand les gens se comportent différemment, ils sentent que les autres réagissent différemment à leur égard, et ils commencent alors à se considérer autrement.

Par conséquent, après avoir obtenu un certain changement, la question importante est de savoir comment faire en sorte que le changement continue. Tout comme le client, souvent, ne donne pas, sur le coup, toute leur importance aux exceptions, il ne se rend pas toujours compte des changements qui commencent à se manifester.

Bien des techniques utilisées au début de l'intervention peuvent l'être par la suite pour mettre en évidence les changements et pour les encourager ainsi à persister. Notre centre d'intérêt reste fixé sur *ce qui se passe* (*de différent*) ; néanmoins, notre but est que le client puisse élaborer une nouvelle idée de lui-même à partir de ces différences.

Avec Kate Kowalski, nous avons observé que c'est un progrès salutaire quand les clientes qui ont subi des abus sexuels cessent de penser à elles comme à des « victimes » et commencent à se considérer comme des « survivantes ». Malgré tout, penser à soi comme à une « survivante » renvoie encore à l'abus sexuel (auquel on a survécu) et nous espérons aider nos clientes à avancer vers une nouvelle conception d'elles-mêmes, dans laquelle elles ne se définiraient plus du tout par rapport à l'abus.

> On peut faire le rapprochement avec les gens qui continuent à se définir comme des « alcooliques », alors qu'ils ont arrêté de boire depuis des années. Une telle description centrée sur le problème ne fait qu'entretenir chez le sujet l'idée que le problème fait toujours partie de lui, si bien qu'il n'a donc jamais vraiment l'impression de l'avoir surmonté. C'est-à-dire que l'image que le sujet a de lui-même garde un défaut important, un

> échec, ce qui peut l'empêcher d'éprouver un sentiment de compétence ou de réussite. (Durrant et Kowalski, 1990, p.109)

De la même façon, lorsque je travaillais avec cette fillette qui présentait un problème « obsessionnel et compulsif », qu'on avait redéfini comme « une lutte contre les peurs », mon but était qu'en fin de thérapie elle ne se considère plus comme quelqu'un qui peut « battre » les peurs, mais comme quelqu'un qui pourrait être plus indépendant, plus sûr de lui. (Durrant, 1989)

Après que des changements aient commencé à se manifester, Kowalski et Kral (1989) soulignent combien il est important, au cours des séances suivantes, de jouer les « supporters », c'est-à-dire d'apporter des encouragements, des compliments, des « applaudissements » pour les changements qui ont commencé à apparaître. D'autres auteurs ont également insisté sur ce point.

> Chaque fois que des gens sont clairement motivés pour changer certains aspects de leur vie, nous sommes très heureux de jouer les « pom-pom girls » vis-à-vis de leurs efforts pour être différents (même si nous n'allons pas, en général, jusqu'à porter des minijupes et agiter des pompons). (Cade et O'Hanlon, 1993, p.68)

Bien sûr, il n'y a rien de mal à ce que les élèves voient que nous sommes satisfaits des changements qu'ils ont engagés. Néanmoins, cette position peut parfois présenter des difficultés.

> Si on peut faire ressortir un élément du comportement différent, le mettre en valeur en posant des questions à son propos, alors on aura quelques résultats. Au lieu de parler nous-mêmes de l'importance d'un changement, il vaut mieux souvent se montrer curieux à son sujet. On peut le comparer au comportement antérieur, demander comment la personne concernée le comprend, se demander comment elle a réussi à le faire, et s'interroger sur la différence que cela peut engendrer. De cette façon, on amène la personne concernée à réfléchir à cet événement et à sa signification. Il pourrait *nous* sembler plus facile et même préférable d'être le proclamateur de la réussite du client ;

> pourtant, il est peut-être plus utile à long terme de laisser le client avec des questions qui mettent en valeur l'exception et sa signification. Ma collègue, Kate Kowalski, a fait référence à « la technique de Colombo ». Les familiers de ce détective du petit écran se rappelleront de ses incessantes questions ironiques pour savoir ce qu'un comportement ou ce qu'un témoignage pourrait bien vouloir dire, ce qui a l'effet désarmant de laisser les gens le découvrir par eux-mêmes. (Durrant, 1993, p.93)

Ainsi, en tant que conseillers psychopédagogiques, nous posons généralement des questions, nous gardons une position perplexe vis-à-vis du changement, et nous étudions en détail les différences que toutes les différences font (et feront). De cette façon, nous espérons amplifier les différences dans l'esprit du client (plutôt que dans le nôtre) et mettre d'autant plus toutes les chances de notre côté pour qu'elles continuent.

> Dans le cas déjà évoqué de cette adolescente avec son problème « obsessionnel et compulsif » (Durrant, 1989), des changements étaient encore manifestes à la troisième séance ; pourtant, Sarah répondait nonchalamment à mes questions sur la signification de ces changements. J'ai fini par lui demander : « Si quelqu'un qui ne t'a pas vue depuis longtemps, et qui ne sait donc même pas que tu avais ce problème, te rencontre d'ici quinze jours, d'après toi, qu'est-ce que cette personne remarquera de différent ? »

Lorsque les clients ne semblent pas se rendre compte de la portée des changements, il peut s'avérer utile de leur demander de s'interroger sur ce que les autres (enseignants, parents, etc.) remarqueront. Il apparaît que le simple fait d'imaginer et de décrire ces changements semble rendre leur survenue plus probable. Dans cet exemple, la question invitait Sarah à « aller au-delà » des changements directement liés au problème et à commencer à se demander jusqu'à quel point ils étaient « généralisés ».

Récompenses et diplômes

Les écoles (en particulier les écoles primaires) sont habituées à distribuer des récompenses et des diplômes aux enfants. Dans l'école de mes enfants, on donne souvent des récompenses à ceux qui ont amélioré leurs résultats plutôt qu'aux meilleurs de la classe. Il est clair que ces récompenses ont du sens pour les enfants concernés ; mais il ne faudrait pas oublier qu'elles sont tout aussi significatives pour les enseignants (et pour les autres élèves).

Ce qui veut dire que, si on donne publiquement une récompense à un élève en particulier, parce que, par exemple, « il a fait de grands efforts pour contrôler ses colères », cela ne va pas seulement encourager l'enfant en question, mais il y a aussi de fortes chances que cela encourage le personnel de l'école à remarquer d'autres épisodes de « contrôle de soi ». La récompense présente en elle-même d'évidents effets bénéfiques de consolidation. De plus, on a des chances d'amener l'équipe à discuter avec l'enfant sur des exemples de « contrôle de soi ». Ce genre d'interaction n'affecte pas seulement le point de vue de l'enfant sur sa propre capacité à réfréner sa colère, mais agit aussi profondément sur la manière dont les enseignants lui répondent. Plus ils traitent l'enfant comme quelqu'un capable de contrôler ses colères, plus il aura de chance de pouvoir le faire, et donc plus les changements auront de chances de se poursuivre.

Dans ma pratique, je donne souvent des diplômes intitulés par exemple : « Champion dans l'art de grandir », « Expert de lutte contre la colère », « Brevet d'apprentissage de la confiance en soi », etc. Tout en satisfaisant généralement les enfants qui les reçoivent, ces diplômes ont aussi souvent un effet profond sur les parents.

Faire un compte rendu des différences

Une autre façon de consolider les changements qui commencent à apparaître consiste à inciter l'élève et/ou la famille à en parler aux autres. Dans ma pratique, je demande souvent à mes clients de m'aider à rédiger les rapports que j'envoie à ceux qui me les ont adressés.

Ainsi, on peut consacrer un entretien à récapituler les changements qui se sont produits, à mettre en évidence ce que le client a fait différemment, et à s'interroger sur ce que les autres peuvent remarquer. Rédiger le rapport ou la lettre donne l'occasion de faire le bilan des changements et de les mettre en valeur.

Prendre acte du changement et le célébrer

Les récompenses et les diplômes sont un moyen de mettre en lumière le changement. Dès lors qu'il est publiquement reconnu, le changement

Centre de thérapie familiale d'Eastwood
P.O. Box 630, EPPING NSW 2121

Ce diplôme atteste que

Amy McIntosh

a réalisé une performance exceptionnelle en

se forçant à
ne pas céder à la peur
et en apprenant à se faire confiance

Bravo
Amy

En date du 10 Février 1993

Certificat remis à une enfant de 11 ans qui avait des difficultés pour aller à l'école et quelques troubles du sommeil. Les exceptions avaient été présentées comme les moments où elle se faisait confiance.

a de fortes chances de se maintenir. Le diplôme devient un procès-verbal de succès, un rappel permanent.

Nous pouvons utiliser bien d'autres formes d'activités habituelles à la vie scolaire pour prendre acte des changements et les célébrer. J'ai décrit ailleurs diverses célébrations et des méthodes « rituelles » pour marquer le changement dans le contexte d'établissements spécialisés (Durrant, 1993) et on peut recourir à des idées semblables en milieu scolaire.

- Les diplômes et les récompenses : soit remis à l'élève, soit affichés en classe. (Ce qui est plus utile que d'exposer en classe un graphique des modifications de comportements qui risquerait de se transformer en un témoignage de *manque* de succès.)

- Les discours qui passent en revue les changements : surtout une récapitulation des exceptions, ou des petites étapes franchies vers la solution.

- Les dessins ou histoires que l'on demande aux élèves de produire pour illustrer ce qui est différent (plus efficace que de leur demander de dessiner le problème), ou sur ce qui sera différent dans l'avenir, maintenant que les choses ont commencé à changer.

- Des fêtes qui sont spécialement organisées à l'école pour célébrer la fin d'un problème (ou la réalisation d'une étape précise vers sa solution).

- La destruction rituelle (brûler ou enterrer) de quelque chose qui symbolise le problème.

- Un petit cadeau qui symbolise le changement (une casquette de base-ball pour un élève qui a arrêté de « se bagarrer »).

- White et Epson (1990) donnent plusieurs exemples d'utilisation de lettres et d'autres messages écrits pour mettre en valeur les changements et encourager les gens à continuer à se faire une autre idée d'eux-mêmes ; on peut s'inspirer de beaucoup d'entre eux dans le cadre scolaire.

Certains s'inquiètent peut-être de l'embarras que pourrait ressentir l'élève concerné quand ces méthodes sont utilisées en public devant ses camarades. Pourtant, la majorité des élèves sont conscients des problèmes des autres élèves, problèmes qui se manifestent en classe ou à la récréation, et cette reconnaissance publique des changements peut donc aussi avoir un impact sur eux.

CHAPITRE 12 — Consultation avec les enseignants

L'un des rôles importants du conseiller psychopédagogique est de se concerter avec les enseignants et les dirigeants de l'école au sujet d'élèves particuliers, ce qui aboutit souvent à la mise au point d'une sorte de programme à appliquer en classe. Le temps et les ressources dont disposent les conseillers étant limités, ils ne peuvent conduire des séances individuelles avec tous les élèves considérés comme ayant des problèmes et ils doivent alors souvent agir indirectement, par l'intermédiaire d'autrui.

L'approche de la thérapie brève repose essentiellement sur la collaboration, et le conseiller n'y cherche pas à se présenter comme « un expert qui peut tout arranger » ; elle se caractérise donc par une relation de coopération entre le conseiller et le client. Ainsi, l'approche convient-elle bien aux besoins de conseil des enseignants, et la plupart des idées et des techniques déjà évoquées peuvent être utilisées dans les entretiens avec les enseignants.

Dans de nombreux cas, c'est de toute manière l'enseignant qui est « le client » de l'intervention, dans la mesure où c'est lui qui a décidé que les choses devaient changer. Néanmoins, l'enseignant est aussi un collègue et cela peut être désagréable pour lui s'il a le sentiment que le conseiller essaie d'appliquer une thérapie avec lui. Heureusement, la plupart des idées que nous avons évoquées sont sensées et on peut les exprimer dans un langage qui n'est pas celui de la thérapie.

Par conséquent, on peut employer des stratégies telles que le recadrage, les questions sur les exceptions, la prescription de « faire quelque chose de différent », etc., avec les enseignants que nous conseillons. On peut les utiliser dans des discussions informelles, entre confrères. Comme avec tout client dans une situation de conseil, l'enseignant a besoin de sentir que le conseiller a compris la situation et s'est rendu compte de sa difficulté. C'est alors seulement qu'une coopération est possible. Au cours de la discussion, le conseiller doit être attentif à tous les détails susceptibles de faire apparaître une solution, et à tout ce qui pourrait être encouragé ou servir de point de départ. Il est plus facile pour les enseignants de changer le comportement d'un enfant s'ils ont le sentiment d'être à l'origine de la stratégie. Une stratégie simplement proposée par le conseiller risque d'être moins efficace car elle pourrait signifier pour le professeur qu'il n'a pas été suffisamment astucieux, assez professionnel, assez habile, etc., pour résoudre le problème.

Les conseillers peuvent essayer de « cadrer » leur conseil thérapeutique afin que ce dernier corresponde aux préoccupations de l'enseignant :

- Ça paraît incroyablement pénible. On dirait qu'il n'y a que lui dans la classe la plupart du temps. Dites-moi, quand vous a-t-il semblé se calmer ne serait-ce qu'un peu pour la dernière fois ? (Vraiment ? A votre avis, qu'avez-vous fait pour que cela se produise ?)

- Je comprends pourquoi vous redoutez les troisièmes. Je me demandais à quand remonte la dernière fois où vous avez senti que vous maîtrisiez un peu mieux les choses ? (Ah bon ? Qu'est-ce qui était différent ce jour-là ?)

- C'est vraiment le pire gosse que vous ayez jamais eu ! Vous avez certainement raison ! À présent, je me souviens qu'au dernier trimestre vous m'aviez parlé d'une gamine qui était presque aussi difficile. Oui, c'est ça, Susie. Rafraîchissez-moi la mémoire, quelle stratégie aviez-vous développée pour venir à bout de Susie ? (Comment êtes-vous arrivé à le faire ? Qu'est-ce qui a changé ? Si vous deviez essayer quelque chose du même ordre avec Renée, jusqu'à quel point seriez-vous à l'aise pour le faire ?)

- Donc, le jour où vous vous sentiez mal, Robert a paru se calmer un peu ? C'est intéressant. C'est amusant comme des fois, les gosses semblent ressentir ce genre de choses et même y réagir d'une façon appropriée, n'est-ce pas ? En réalité, je ne m'étais jamais rendu compte que Robert pouvait être aussi sensible. Peut-être est-ce là un côté de sa personne que nous n'avions pas remarqué jusqu'à présent. En fait, c'est peut-être un trait de sa personnalité qu'il a, lui-même, encore moins remarqué ! Je me demande si nous arriverions à mettre au point un moyen de développer cette sensibilité ?

• Trudy ? N'est-ce pas la fille que vous avez envoyée me porter ce message l'autre jour ? D'après ce que vous m'en avez dit, cela a dû exiger pas mal de confiance de votre part pour la laisser sans surveillance le temps qu'elle m'apporte ce message ? Comment avez-vous fait ? Avez-vous été payé en retour? (Donc apparemment, elle réagit bien lorsqu'on lui donne des responsabilités supplémentaires: peut-être devrions-nous exploiter cette idée ?)

• Bon, vous ne savez vraiment pas quoi faire avec vos premières. Dites-moi, au cours de votre carrière d'enseignant, comment vous y êtes-vous pris auparavant avec des classes où les élèves ne sont pas motivés ? Qu'est-ce qui a été le plus efficace avec ce genre d'élèves ? Quelle est la chose la plus extravagante que vous ayez jamais faite ?

De telles questions sont destinées à obtenir des informations sur des succès antérieurs ou actuels. Il faut les étudier en douceur, sans jamais avoir l'air de penser : « Vous voyez, ce problème n'est pas aussi grave que vous le dites ». Les questions peuvent inclure des exemples de recadrage (comme « l'élève sensible ») et peuvent déboucher sur des éléments précis qui se sont avérés efficaces et qu'on peut à nouveau essayer, ou elles peuvent amener l'enseignant à voir la situation d'un point de vue légèrement différent et qu'il sera heureux de garder.

Si on a pu découvrir des stratégies particulières utilisées par le passé, il vaut mieux poser des questions à leur sujet avec l'espoir qu'elles marcheront encore.

• Comment referez-vous cela ?

• Comment allez-vous utiliser cette même idée avec Ben ?

• En essayant ce stratagème avec Billy, que devrait-il se passer à votre avis ?

On peut conclure l'entretien en demandant à l'enseignant de « garder l'œil sur les moindres signes prouvant que Nathan continue à montrer qu'il peut faire son travail » et en prévoyant un rendez-vous pour faire le point, ou en précisant par exemple : « Je reviendrai vendredi prochain et je serai curieux de savoir ce qui se sera passé en appliquant cette stratégie avec Philip. »

Les questions orientées vers l'avenir peuvent également être très efficaces, mais il faut veiller à ne pas donner l'impression d'utiliser des « techniques fantaisistes ».

- Bon, je pense que je vois de quoi il s'agit. Maintenant, avant de réfléchir à ce que je peux faire avec un élève, j'aime bien savoir où nous allons, car mes idées sur ce que pourrait être la solution au problème peuvent être différentes des vôtres, et ce sont précisément les vôtres qui importent. Alors, imaginez seulement que vous êtes capable de changer l'attitude de Nathalie en classe. Comment le saurons-nous ? Que remarqueront les gens et vous-même de différent dans son comportement qui signifiera que ça a marché ?

- Je vois que vous êtes prêt à tout pour régler ce problème. Dites-moi, quel sera le plus petit indice, quelque chose que vous remarquerez au cours de la semaine prochaine ou plus tard, qui vous fera dire que la situation s'améliore (ou que vous la maîtrisez mieux) ?

Certains enseignants voudront bien essayer, mettre en pratique, ou même simuler certaines des idées de ce que sera la solution, ce qui peut être présenté comme une « expérience ».

- Voyez-vous, cela peut paraître un peu fou, mais je me demande si vous seriez prêt à tenter une expérience. Je sais que c'est le comportement de Tom qui vous rend fou et que c'est davantage à lui de changer qu'à vous. Pourtant, vous pouvez peut-être faire quelque chose qui aurait quelque effet sur lui. Pourriez-vous, à titre d'expérience, pendant deux cours cette semaine, faire comme si les choses allaient mieux, faire comme s'il n'était plus un problème ? Je sais que cela paraît étrange, mais ça pourrait nous être très utile de voir comment il réagit.

Demander aux enseignants de « faire quelque chose de différent »

Parfois, les enseignants accepteront volontiers des suggestions plus directes des conseillers, bien qu'il soit préférable que ces suggestions soient inspirées du genre de questions évoquées ci-dessus, afin qu'elles apparaissent plutôt comme mises au point de manière *conjointe* par l'enseignant et le conseiller.

L'enseignant et le conseiller peuvent alors étudier une stratégie qui implique de faire quelque chose qui ne relève pas du schéma habituel du problème. Le conseiller peut choisir par exemple de la justifier ainsi : « Il semble que la situation soit vraiment bloquée et que ce que vous faites ne marche tout simplement plus, alors peut-être devrions-nous faire quelque chose de tout à fait différent ». Faire quelque chose de différent peut également être présenté comme une stratégie destinée à surprendre l'élève, à ne pas lui donner la satisfaction de déclencher la réaction habituelle, etc.

> Un jour, l'année de mon baccalauréat, je discutai dans son bureau avec le directeur adjoint, à propos d'une animation que nous étions en train de mettre au point. Pendant notre conversation, il se tenait près de la fenêtre, et regardait au dehors, quand soudain, il me fit signe d'approcher. Et tout en continuant à me parler, il me désigna quelque chose en bas. Je pus voir trois fameux élèves de troisième qui fumaient à l'arrière du bâtiment. Ils étaient hors de vue, enfin c'est ce qu'ils croyaient ; en tous cas, ils ne pensaient pas qu'on pouvait les observer d'en haut. Sans pour autant arrêter notre conversation, le directeur adjoint vida tranquillement sa poubelle et la remplit d'eau. Il la ramena près de la fenêtre, ouvrit celle-ci et versa lentement l'eau sur les trois fumeurs au dessous. Après avoir refermé la fenêtre, il remarqua mon étonnement et précisa: « Je ne sais pas, mais j'en ai marre d'avoir ces trois-là en colle pour avoir fumé, et de toutes façons, ça n'a aucun effet. J'ai donc pensé qu'il était temps d'essayer autre chose ».
>
> Ce n'est que des années plus tard que j'ai commencé à le soupçonner d'avoir été, en secret, un thérapeute bref ! Les élèves savaient bien sûr d'où provenait l'eau mais ils pouvaient difficilement se plaindre. Le directeur adjoint avait fait passer son message sans l'affrontement habituel qui, avouait-il, n'avait pas la moindre efficacité.

Kral (1989a) raconte l'embarras d'une équipe face au libertinage des étudiants sur le canapé du foyer réservé aux terminales; les élèves restaient évidemment sourds aux appels à la raison, à la morale ou à la discipline. L'équipe envisageait d'infliger des sanctions plus sévères, ou de mettre les parents des élèves au courant ; mais le psychologue scolaire comprit que les enseignants s'enfermaient dans un schéma du type : « plus de la même chose qui ne marche pas ». Il leur conseilla simplement d'enlever le canapé du foyer sans le moindre avertissement ni le moindre commentaire, et de feindre l'ignorance la plus complète face aux questions des élèves. Quelques jours plus tard, ils devaient remettre le canapé à sa place, là encore sans explication. Kral raconte qu'après cela, le problème ne se reproduisit plus.

Chaque fois que des enseignants se trouvent bloqués ou dans une impasse avec un élève ou un groupe d'élèves, ils continuent la plupart du temps à appliquer des stratégies certes judicieuses, raisonnables, et éprouvées pour régler la situation, mais inefficaces. Par conséquent, le travail du conseiller sera souvent d'amener les enseignants à cesser d'appliquer ce qui ne marche pas et/ou à faire quelque chose de différent.

Bien des difficultés scolaires peuvent être vues sous cet angle et on peut proposer une intervention efficace en trouvant un petit truc pour encourager l'enseignant à se comporter différemment. Bien sûr, c'est plus facile si le professeur a le sens de l'humour !

Kral (1989a) donne l'exemple (qui, dit-il, est extrait d'un magazine populaire) d'une enseignante remplaçante qui entra dans une classe réputée dissipée et où régnait la plus vive agitation. Elle comprit qu'elle perdrait son temps à essayer de « s'époumoner à les faire taire », aussi se mit-elle à marcher tranquillement jusqu'au milieu de la pièce, ouvrit d'une chiquenaude son miroir de poche et dit d'une voix forte mais déterminée : «Téléporte-moi loin d'ici, Scotty, il n'y aucune vie intelligente dans ce lieu ! »[1] Il paraît que la classe se calma dans une certaine perplexité.

---

1 N.D.T. : Allusion à la série américaine « Star Treck ».

CHAPITRE 13 — Aider le corps enseignant à remarquer une différence

La notion « d'exceptions » confirme que le changement a plus de chance de se produire quand on s'intéresse à ce qui marche (déjà), au lieu d'essayer de changer ce qui va mal. Dans le cadre du conseil psychopédagogique, nous avons déjà vu que les exceptions peuvent fournir les « briques » pour construire le nouveau comportement. Dans d'autres contextes, d'autres approches seront nécessaires pour provoquer un changement dans le comportement d'un élève particulier.

Cependant, quoi qui se produise peut-être dans le cadre du conseil ou de le thérapie, le fait est que l'équipe scolaire a certaines croyances sur les élèves et que, dès qu'un élève a été étiqueté comme un « problème », l'équipe a plutôt tendance à remarquer tout type de comportement qui confirme cette opinion. Ce n'est pas qu'ils soient partiaux ou malveillants, mais c'est tout simplement dans la nature humaine de remarquer ce qui correspond à notre façon de voir les choses.

Je ne veux pas dire que la focalisation des enseignants sur le comportement problématique est la cause des difficultés rencontrées. Néanmoins, mon expérience révèle que c'est en trouvant des moyens d'inciter les enseignants à réagir à des comportement différents (à savoir, non problématiques) qu'on peut créer une énorme différence dans le comportement de l'élève.

Il semble qu'il soit dans la nature humaine que, dès qu'on sait que quelqu'un a (ou a eu) un problème, on a plus de chance d'en remarquer les manifestations et moins de chance de noter tout ce qui pourrait être différent. Tout élève connaît les conséquences de la « réputation » que se font certains dans leur école. On peut avoir trente élèves dissipés, mais c'est celui qui est connu comme « élément perturbateur » qui sera repéré. Par conséquent, on peut vraiment aider un élève à réintégrer l'école, ou à consolider les changements qu'il a pu réaliser en trouvant des moyens d'inciter son entourage à prêter attention à tout signe de changement.

Notre travail avec un élève ne se fait pas dans l'isolement. Si nous parvenons à aider un élève à commencer à se comporter différemment à l'école, il est logique de penser que la persistance de son nouveau comportement dépendra des réactions des autres. Ce qui signifie que, soit les enseignants remarqueront le nouveau comportement et y répondront d'une façon qui le renforce, soit ils douteront du changement et seront plus enclins à remarquer et à réagir au moindre incident évoquant l'absence de changement, ce qui prive de soutien les efforts de l'élève.

Ainsi, un élément essentiel du rôle du conseiller psychopédagogique consiste-t-il à trouver des moyens d'inciter l'équipe scolaire à remarquer tout changement, même modeste, chez un élève et d'y répondre. Malheureusement, demander simplement de « rechercher les points positifs » a peu de chance d'aboutir dès lors qu'un élève est reconnu comme un problème. Nous devons trouver le moyen d'attirer l'attention des enseignants et de la direction de l'école sur le nouveau comportement, sans les amener à penser que nous « manipulons » leur point de vue de la situation.

Donc, nous devons chercher diverses manières d'inciter l'équipe scolaire à remarquer la différence.

Il ne s'agit pas seulement de « chercher ce qui est positif » (dans le sens des théories de l'apprentissage). Il s'agit plutôt de reconnaître que ce que nous remarquons (ou jugeons bon de remarquer) et la façon dont nous y réagissons, favorise en fait la création de la « réalité » dans laquelle l'élève évoluera.

Ainsi devons-nous réfléchir aux moyens de surveillance du comportement (que ce soit sous forme de check-list, de recueil d'informations, de tableaux de bons-points, etc.) qui puissent aider l'élève et l'enseignant à centrer leur attention sur les preuves (même minimes) de changement, changements que l'on pourra ensuite développer. J'ai déjà exposé l'utilisation des « tâches d'observation », tâches qui encouragent les clients à rechercher simplement les différences dans leur propre comportement. Dans le contexte scolaire, on peut avoir recours à des tâches similaires, qui pourraient servir de base à des rapports plus formels.

« Notez les informations concernant tout comportement différent »

> On m'a demandé de faire l'évaluation d'une fille placée dans une classe spéciale. Légère handicapée mentale, Tracey avait des

antécédents familiaux de mauvais traitements et de négligence, et elle avait été retirée à ses parents durant certaines périodes. L'évaluation avait été demandée par l'école qui s'inquiétait parce que Tracey devenait de plus en plus difficile, nécessitait une surveillance individuelle permanente, et ne réagissait à aucune des formes classiques de discipline.

D'un autre côté, la mère de Tracey affirmait qu'elle n'avait pas de véritable difficulté avec sa fille. Elle reconnaissait que, parfois, elle était difficile ; cependant, dans l'ensemble, elle avait l'impression de pouvoir maîtriser la situation. Elle n'arrivait pas à comprendre l'inquiétude et l'irritation de l'école. Elle disait qu'elle pouvait lui faire confiance pour aller faire des courses au magasin du coin et qu'elle ne pouvait donc pas croire que Tracey nécessitât autant de surveillance qu'ils le disaient. Elle avait le sentiment que sa fille était leur « bouc-émissaire ».

L'école produisit des preuves précises des problèmes de comportement de Tracey. En tant qu'éducateurs spécialisés, ils aimaient faire des relevés détaillés sur le comportement, et ils avaient élaboré des graphiques et des check-list de son comportement sur une longue période, qui aboutissaient à un sombre tableau de la situation. Bien sûr, les informations données sur le comportement, par leur nature même, mettaient en évidence la fréquence et la gravité des problèmes de comportement et ne tenaient aucun compte du moindre signe de réussite. Du moment que leur protocole ne comportait pas le recueil des attitudes non problématiques, il y avait peu de chances pour qu'ils les remarquent. (De même, on peut se demander si le point de vue très « rose » de la mère ne l'empêchait pas de remarquer toute mauvaise conduite, ce que d'aucuns pourraient considérer comme du « déni », de la « minimisation », ou simplement comme une question de perspective.)

J'ai rencontré à l'école le directeur et le professeur qui m'ont fait part de leurs déboires. Quelle que soit mon opinion sur le contenu de leurs plaintes, il était important qu'ils se sentent entendus. S'ils avaient eu l'impression que je ne tenais pas compte de leurs soucis, il s'en serait suivi naturellement soit une absence de participation à mes suggestions ultérieures, soit une obsession à me « prouver » à quel point les choses allaient mal. Ils s'inquiétaient vraiment du fait que la mère minimise la situation, car ils avaient le sentiment qu'elle ne voulait pas reconnaître sa propre incompétence; ils attendaient de moi que je prenne conscience de l'énormité du problème.

L'école considérait que Tracey nécessitait une thérapie à long terme, car ils supposaient que les mauvais traitements qu'elle avait subis précédemment étaient à l'origine de ses difficultés. D'après eux, il fallait passer par une thérapie intensive avant d'espérer le moindre changement et, même alors, ils n'étaient pas certains que l'école puisse continuer à tolérer son attitude pendant ce temps. Néanmoins, ils seraient heureux de mettre en pratique toute intervention que je pourrais leur proposer. J'ai passé plus d'une heure à écouter l'exposé de leurs soucis, car il me semblait que c'était important.

J'ai eu un bref entretien avec la mère. Il me semblait que, si elle avait l'impression de maîtriser la situation, ce n'était pas à moi d'essayer de lui prouver le contraire. Certainement que sa façon de faire face à certains comportements était différente de ce que j'aurais fait ; en tout cas, elle semblait savoir s'y prendre et rien de ce que j'avais pu voir ne m'avait donné de raison de trop m'inquiéter. En fait, j'étais plutôt impressionné par bien des stratégies qu'elle employait, la plupart inspirées par le fait qu'elle considérait que c'était un comportement « dissipé » (et donc contrôlable) plutôt que « perturbé ».

J'ai appuyé ma visite à l'école par une lettre (puis par un coup de téléphone), dans laquelle je reconnaissais leurs difficultés et les remerciait pour les renseignements détaillés qu'ils m'avaient fournis. J'expliquais que j'allais mettre au point un programme, qui serait une première étape en vue de maîtriser la situation, et que je leur étais reconnaissant de leur empressement à participer à un tel programme. Je leur demandai s'ils seraient disposés à recueillir des informations supplémentaires qui m'aideraient à établir ce programme.

Je désirais que le directeur, l'enseignant, et l'assistant de ce dernier recueillent toutes les observations détaillées possibles de tout comportement qui pourraient faire penser que Tracey était capable de réagir, même un tant soit peu, à un programme de traitement. Le personnel scolaire était plus qu'heureux de répondre à cette requête.

Pour l'essentiel, c'était donc une demande de rechercher des comportements de nature différente, une demande à centrer leur attention sur le positif plutôt que sur le négatif. En effet, si je leur avais seulement demandé de chercher des preuves de bonne conduite, cela aurait été trop en désaccord avec leur point de vue et ça aurait éveillé leur hostilité. Je devais absolument formuler ma demande d'une manière qui aille dans le sens de leur point de vue. La plupart des enseignants connaissent bien la notion de se focaliser sur le positif, et leur demander de le faire risque de ne pas faire de différence si cela ne cadre pas avec l'idée générale qu'ils se font de la situation. Rassembler des données précises sur le comportement de l'élève était une technique qui leur était familière et qu'ils estimaient essentielle ; par conséquent, ma demande était compatible avec la façon dont ils concevaient leur rôle et n'introduisait qu'une nuance à leur pratique habituelle.

> Quelques semaines plus tard, gêné de n'avoir pas encore fourni de programme précis, j'ai parlé au professeur. Elle me rassura en me racontant qu'ils avaient décidé qu'une stratégie s'appliquant à la fois à la maison et à l'école était justifiée et que la mère de Tracey avait accepté d'utiliser les mêmes stratégies à la maison que celles employées à l'école. Cela, dit-elle, avait fait une énorme différence et ils ne considéraient plus qu'il soit urgent de faire une thérapie. Je m'informai à propos de cette stratégie particulière, et c'était en fait les mêmes techniques que la mère avait utilisées depuis toujours !

Cela n'avait pas d'importance que l'école ne reconnaisse pas que la mère de Tracey était à l'origine de ces méthodes. L'important, c'était que la méthode qui consistait à prêter attention à tout comportement différent avait permis d'assouplir leur position « rigide », et qu'ils aient pu ainsi trouver une solution.

Mes collègues et moi-même avons appliqué ces mêmes idées dans d'autres situations.

Par exemple, quand on nous confie un élève et que l'équipe scolaire espère de toute évidence une réussite, nous les rencontrons et nous faisons passer ce genre de message : « Nous voyons bien que le comportement de Belinda vous déçoit beaucoup et nous espérons que notre intervention va modifier la situation. Ceci étant dit, cela ne se fera pas du jour au lendemain : traiter ces difficultés qui durent depuis longtemps peut prendre un certain temps. En attendant, ce serait très utile si vous pouviez chercher et noter tout comportement qui laisse supposer que Belinda commence à montrer des signes d'un comportement différent. »

Une fois de plus, une telle demande doit correspondre au point de vue de l'enseignant sur la situation, et elle ne doit pas être exprimée d'une façon qui pourrait invalider les difficultés du professeur. Lorsqu'on formule une demande de façon sensée, et qu'elle n'implique pas trop d'optimisme, la plupart des enseignants sont contents de rechercher ces comportements sur lesquels on pourra « construire ».

L'idée de « construire sur » des comportements positifs peut être très utile en soi. Il m'est arrivé d'expliquer à des enseignants (après leur avoir bien fait entendre que je comprenais combien les choses avaient été difficiles) que d'après ma pratique, l'intervention est plus efficace si elle s'appuie sur ces petits comportements qui se produisent déjà dans la « bonne » direction. La plupart des enseignants sont généralement prêts à les rechercher.

Auto-observation des changements de comportement

Les écoles utilisent souvent des « fiches de conduite », fiches sur lesquelles l'enseignant rédige une observation sur l'élève à la fin de chaque cours. Le directeur les consulte tous les soirs, puis elles sont lues et signées par les parents. Cette procédure renvoie à l'hypothèse qu'un contrôle rigoureux est censé motiver un élève à se comporter différemment. Le problème de ces fiches, c'est qu'elles sont uniquement utilisées pour les élèves qui sont considérés comme des problèmes, et tous les enseignants le savent bien. Par conséquent, la seule présentation de cette sorte de fiche revient à « signaler » qu'il s'agit d'un élève difficile et peut donc être une incitation à trouver quelque chose à redire.

Je craignais que dès le retour de Justin à l'école, on ne cherche à le prendre en défaut. Etant donné qu'il revenait d'une exclusion « avec mise à l'épreuve » d'un trimestre, il n'aurait pas été très utile de s'intéresser uniquement à sa mauvaise conduite. Si les enseignants cherchaient des signes d'inconduite, ils en trouveraient probablement ! Je suis intervenu à l'école pour leur expliquer que la thérapie avait particulièrement insisté pour que Justin surveille lui-même son comportement et prenne ses responsabilités. (Nous n'avions pas employé ce langage précis durant la thérapie ; ceci étant dit, il était important dans cette conversation que j'emploie un langage qui ait du sens pour tout le personnel de l'école.) Je leur ai demandé s'ils étaient disposés à lui donner des chances d'entretenir ses talents d'auto-observation. Lorsque le directeur de l'école m'annonça qu'ils seraient heureux de le faire, je lui ai demandé s'il pourrait donner à Justin un jeu de « fiches de conduite », mais que ce serait à Justin de rédiger les observations sur sa conduite à la fin des cours. J'ai senti au téléphone qu'il doutait que Justin mène cette tâche à son terme et avec sérieux, et j'ai pensé qu'il avait dans l'idée de faire surveiller la conduite de Justin par les professeurs. Néanmoins, il accepta de mettre ma proposition à l'essai. J'ai suggéré que Justin montre sa fiche au directeur tous les soirs et qu'il la présente à ses parents.

J'avais discuté de ce projet avec Justin, car il craignait que les enseignants ne soient « tout le temps après lui ». Il s'acquitta de sa tâche, même si ses commentaires au cours des tous premiers jours restaient très superficiels et s'il rédigeait avec désinvolture des observations très positives sur lui-même. Cependant, lorsqu'il montra au directeur la fiche où il avait noté « excellente conduite », « élève modèle », « a fait beaucoup de progrès », etc., le directeur fut ravi. Le seul fait que Justin soit allé au bout de ce travail était un « événement » pour lui. Au bout d'une semaine environ, lorsque Justin commença à faire des observations plus critiques sur son comportement (« a trop parlé en classe », « ne s'est pas appliqué à ce cours »), le directeur fut encore plus heureux. Bien entendu, si ces commentaires avaient été écrits par un enseignant, Justin se serait fait réprimander et peut-être menacer d'exclusion. Alors que, formulés de cette manière, cet exercice incitait le directeur à réagir positivement aux efforts de Justin.

(J'ai utilisé cet exemple dans plusieurs groupes de travail. Il a été reproduit dans Durrant, 1993, pp. 175-176).

CHAPITRE 14 — Notre façon de considérer les élèves fait une différence

On entend parfois dire que centrer l'attention sur les compétences et les « exceptions » est une position irréaliste. Etant donné les contraintes des activités scolaires quotidiennes, certains peuvent penser que ces idées reviennent à voir les élèves difficiles avec des « lunettes roses ». Néanmoins, cette perspective n'est pas seulement une « position ». Les lunettes roses peuvent parfois être difficiles à trouver. Cependant, les lunettes quc nous utilisons font vraiment une différence.

La façon dont nous considérons (choisissons de considérer) les élèves avec qui nous travaillons peut vraiment affecter leur comportement. D'après moi, le fait de se focaliser sur les compétences et les points forts – car je persiste à penser qu'ils existent vraiment chez nos clients, aussi « difficiles », « perturbés » ou « peu coopératifs » soient-ils – me donne plus de chances (et, heureusement, à mes clients aussi) de voir ces qualités et d'y répondre.

La physique moderne est confrontée à la dualité « onde - particule ». A l'époque où on « savait » que la lumière était composée d'ondes, la théorie d'Einstein selon laquelle la lumière se comporte comme des particules (photons) a été un manquement scandaleux à la « réalité » admise. L'idée plus récente que des particules bien connues, les électrons, se comportent comme des ondes dans certaines circonstances, a encore plus choqué.

Ainsi que l'expliquent Davies et Gribbin (1992) :

> Il est difficile de voir comment quelque chose peut être à la fois une onde et une particule, et la découverte de la double nature et de la lumière et des électrons a provoqué dans un premier temps une grande perplexité. Lorsque les physiciens ont commencé à parler de la dualité onde-particule, ils voulaient dire qu'un électron... pouvait prendre l'aspect d'une onde ou d'une particule en fonction des circonstances... Les expériences con-

> çues pour détecter les ondes mesurent toujours l'aspect ondulatoire de l'électron ; les expériences conçues pour détecter les particules mesurent toujours l'aspect particule. (pp. 201 et 203)

Ainsi, en physique quantique, la *nature* des entités étudiées est déterminée par le processus d'observation. Cela ne signifie rien de parler des caractéristiques ondulatoires ou des caractéristiques de particule pour décrire la « vraie » nature de la lumière. A un moment donné, la nature de la lumière est entièrement déterminée par la façon dont les chercheurs choisissent de la regarder, et on peut uniquement s'interroger sur la forme qu'elle prend à d'autres moments.

Quel rapport avec notre travail dans les écoles ? Cela confirme l'idée que la « réalité » (en ce qui concerne la nature des gens) n'est pas aussi nettement définie que nos approches positivistes l'ont suggéré. Nos diagnostics, nos résultats d'évaluation, nos attributions de personnalité, etc., sont autant le résultat du procédé utilisé pour aboutir à ces conclusions qu'ils sont des caractéristiques de l'élève ou de l'adulte que nous évaluons ou décrivons.

Dans un autre livre, j'ai repris les implications de cette conclusion :

> En conclusion, rien n'est certain : nous pouvons choisir notre façon de voir les gens avec qui nous travaillons. Nous pouvons considérer soit qu'ils manifestent une pathologie et des déficiences, soit qu'ils expriment une certaine compétence et un certain savoir-faire. On ne peut pas faire les deux à la fois. Si nous choisissons de les regarder sous l'angle de la pathologie, il s'ensuit une focalisation sur les problèmes, ce qui nous empêche de reconnaître les points forts et les ressources. A l'opposé, si nous choisissons de les regarder sous l'angle des compétences et des savoir-faire, alors notre focalisation sur les points forts a de grandes chances de masquer leurs déficiences à nos yeux.
> ... Mon expérience révèle que, plus je m'efforce (et, parfois, je m'acharne) à voir mes clients comme des gens compétents et pleins de réussite, plus ils ont tendance à manifester ces caractéristiques (et, en même temps, plus je néglige leurs déficiences ou leur pathologie). (Durrant, 1993, p. 186)

Bibliographie

Bateson, G. (1979). *Mind and nature : A necessary unity.* New York : Dutton. Tr. fr.: *Une unité sacrée.* Paris: Le Seuil, 1996.

Berg, I. K. (1994). *Family Based Services: A Solution Focused Approach.* New York : W.W. Norton. Tr. fr: *Services axés sur la famille : Une approche centrée sur la solution.* Québec: Edisem, 1996.

Berg, I. K., Miller, S. (1992). *Working with the problem drinker : A solution-focused approach.* New York : W. W. Norton.

Blymyer, D., Smith, C. (1992). Utilization of detoxification : A brief, solution-oriented treatment approach for chemical dependency, *Family Therapy Case Studies*, 6(2), 53-62.

Bodin, A. M. (1981). The interactional view : Family therapy approaches of the Mental Research Institute. In A. Gurman, D. Kniskern (Eds.), *Handbook of family therapy.* New York : Brunner/Mazel.

Brown, J. (1986). The pretend technique : An intervention in the teacher-student system, *Family Therapy Case Studies*, 1(2), 13-15.

Cade, B. (1988). The art of neglecting children : Passing the responsibility back, *Family Therapy Case Studies*, 3(2), 27-34.

Cade, B. (1989). Over-responsibility and under-responsibility: Opposite sides of the coin, *The Journal of Family Therapy*, Spring, 103-121.

Cade, B. (1990). The mini-tornado : Turning « hyperactivity » into energy, *Family Therapy Case Studies*, 5(1), 45-50.

Cade, B., O'Hanlon, W. H. (1993). *A brief guide to brief therapy.* New York : W. W. Norton.

Craig, R. (1987). News that made a difference : Teamwork on a serious problem in a school context, *Family Therapy Case Studies*, 2, 5-14.

Davies, P, Gribbin, J. (1991). *The matter myth : Beyond chaos and complexity.* London : Penguin.

De Shazer, S. (1985). *Keys to solution in brief therapy.* New York : W. W. Norton.

De Shazer, S. (1988). *Clues : Investigating solutions in brief therapy.* New York : W. W.Norton.

De Shazer, S. (1991). *Putting difference to work.* New York : W.W. Norton. Tr. fr. : *Différence : Changement et thérapie brève.* Bruxelles : Satas, 1996.

De Shazer, S., Molnar, A. (1984). Four useful interventions in brief family therapy, *Journal of Marital and Family Therapy*, 10(3), 297-304.

De Shazer, S., Berg, I. K., Lipchik, E., Nunnally, E., Molnar, A., Gingerich, W., Weiner-Davis, M. (1986). Brief therapy : Focused solution development, *Family Process*, 25(2), 207-222.

Dolan, Y (1991). *Resolving Sexual Abuse: Solution-Focused Therapy and Ericksonian Hypnosis for Adult Survivors*.New York : W.W. Norton. Tr. fr.: *Guérir de l'abus sexuel et revivre : Techniques centrées sur la solution et hypnose éricksonienne pour le traitement des adultes*. Bruxelles : Satas, 1996.

Durrant, M. (1989). Scaring fears : Making exceptions to problem behavior meaningful, *Family Therapy Case Studies*, 4(2), 15-31.

Durrant, M. (1990). Saying « boo » to Mr Scarey : Writing a book provides a solution, *Family Therapy Case Studies*, 5(1), 39-44.

Durrant, M. (1993). *Residential treatment : A cooperative, competency based approach to therapy and program design*. New York : W. W. Norton.

Durrant, M., & Kowalski, K. (1990). Overcoming the effects of sexual abuse : Developing a self-perception of competence. In M. Durrant, C. White (Eds.), *Ideas for therapy with sexual abuse* (pp. 65-110). Adelaide : Dulwich Centre Publications.

Durrant, M., Kowalski, K. (1993). Enhancing views of competence. In S. Friedman (Ed.), *The new language of change : Constructive collaboration in psychotherapy*. New York : Guilford.

Epston, D. (1984). Guest address, *Australian Journal of Family Therapy*, 5(1), 11-16.

Erickson, M. H., Rossi, E. L. (1979). *Hypnotherapy : An exploratory casebook*. New York : Irvington.

Fisch, R.,Weakland, J. H., Segal, L. (1982). *The tactics of change : Doing therapy briefly*. San Francisco : Jossey-Bass.Tr. fr. : *Tactiques du changement*. Paris : Le Seuil, 1986

Furman, B., Ahola, T. (1992). *Solution talk*. New York : W. W Norton.

Haley, J. (1973). *Uncommon Therapy*. New York : W.W. Norton. Tr. fr.: *Un thérapeute hors du commun : Milton H. Erickson*. Paris : Epi, 1984.

Hudson, P., O'Hanlon, W. (1992). *Rewriting love stories*. New York : W. W. Norton.

Kazdin, A. E. (1982). *Single-case research designs : Methods for clinical and applied settings*. New York : Oxford Press.

Kowalski, K. (1990). The girl with the know-how : Finding solutions to a school problem, *Family Therapy Case Studies*, 5(1), 3-14.

Kowalski, K., Kral, R. (1989). The geometry of solution : Using the scaling technique, *Family Therapy Case Studies*, 4(1), 59-66.

Kral, R. (1986). Indirect therapy in the schools. In S. De Shazer, R. Kral (Eds.), *Indirect approaches in therapy*. Rockville, Md : Aspen.

Kral, R. (1988). A quick little step : The « 5 'D' process » for solution focused brief therapy, *Family Therapy Case Studies*, 3(1), 13-17.

Kral, R. (1989a). *Strategies that work : Techniques for solution in the schools*. Milwaukee, Wi : Brief Family Therapy Center.

Kral, R. (1989b). The Q. I. K. (Quick Interview for Kids) : Psychodiagnostics for teens and children brief therapy style, *Family Therapy Case Studies*, 4(2), 61-65.

Kral, R., Kowalski, K. (1989). After the miracle : The second stage in solution-focused brief therapy, *Journal of Strategic and Systemic Therapies*, 8(3), 73-76.

Kratochwill, T. R. (1985). Case study research in school psychology, *School Psychology Review*, 14, 204-215.

Lipchik, E. (1988a). Interviewing with a constructive ear, *Dulwich Centre Newsletter*, Winter, 3-7.

Lipchik, E. (1988b). Purposeful sequences for beginning the solution-focused interview, In E. Lipchik, (Ed.) *Interviewing*. Rockville, Md : Aspen.

Lipchik, E., De Shazer, S. (1986). The purposeful interview, *Journal of Strategic and Systemic Therapies*, 5(1), 88-99.

Lustig, H. (1975). *The artistry of Milton Erickson*. Videotape, Ardmore, PA.

Molnar, A., De Shazer, S. (1987). Solution focused therapy: Toward the identification of therapeutic tasks, *Journal of Marital and Family Therapy*, 13(4), 349-358.

Molnar, A., Lindquist, B. (1989). *Changing problem behavior in schools*. San Francisco : Jossey-Bass.

Murphy, J. (1992). Brief strategic family intervention for school-related problems, *Family Therapy Case Studies*, 7(1), 59-71

O'Hanlon, B., Wilk, J. (1987). *Shifting contexts : The generation of effective psychotherapy*. New York : Guilford.

O'Hanlon, W. H. (1987). *Taproots : Underlying principles of Milton H. Erickson's therapy and hypnosis*. New York : W. W. Norton.

O'Hanlon, W. H., Hexum, A. L. (1990). *An uncommon casebook : The complete clinical work of Milton H. Erickson, M. D.* New York : W. W. Norton.

O'Hanlon, W. H., Weiner-Davis, M. (1989). *In Search of Solutions : A New Direction in Psychotherapy.* New York : W.W. Nortyon. Tr. fr. : *L'orientation vers les solutions: Une approche nouvelle en psychothérapie.* Bruxelles : Satas, 1995.

Penn, P (1985). Feed-forward. Future questions, future maps, *Family Process*, 24, 299-311.

Rosen S. (1982). *My Voice Will Go with You : The Teaching Tales of Milton H. Erickson.* New York : W.W. Norton. Tr. fr. : *Ma voix t'accompagnera.* Paris : Homme et Groupes, 1986.:

Rosenthal, R., Jacobson, L. (1968). *Pygmalion in the classroom.* New York : Holt, Rinehart and Winston.

Rossi, E. (1980). *The collected papers of Milton H. Erickson, MD.* New York : Irvington.

Selekman, M. (1991). The solution-oriented parenting group, *Journal of Strategic and Systemic Therapies*, 10(1), 36-49.

Simon, R. (1983). Erickson's way, *The Family Therapy Networker*, September-October, 21-27.

Stewart, B., Nodrick, B. (1990). The learning disabled lifestyle : From reification to liberation, *Family Therapy Case Studies*, 5(1), 61-74.

Tiggeman, J., Smith, G. (1989). Adolescent « shock therapy » : Teenagers shocking their critics, *Dulwich Centre Newsletter*, Winter.

Tomm, K. (1987). Interventive interviewing, *Family Process*, 26, 167-183.

Watzlawick, P., Weakland, J., Fisch, R. (1974). *Change: Principles of problem formation and problem resolution.* New York : W W. Norton.Tr. fr. : *Changements.* Paris : Le Seuil, 1981.

Weakland, J. H., Fisch, R.,Watzlawick, P., Bodin, A. (1974). Brief therapy : Focused problem resolution, *Family Process*, 13, 141-168.

Weiner-Davis, M., De Shazer, S., Gingerich, W. J. (1987). Building on pretreatment change to construct the therapeutic solution : An exploratory study, *Journal of Marital and Family Therapy*, 13, 359-363.

White, M. (1989). The externalizing of the problem and the re-authoring of lives and relationships, *Dulwich Centre Newsletter*, Summer, 3-21.

White, M., Epston, D. (1990). *Narrative means to therapeutic ends.* New York : W. W. Norton.

Table des matières

W. H. O'Hanlon et M. Weiner-Davis

L'Orientation vers les Solutions

227 pages

Une nouvelle tendance très stimulante, qui insiste sur les ressources et les solutions plutôt que sur les problèmes et la pathologie, est en train de balayer le champ de la psychothérapie. Dans ce livre, deux cliniciens réputés pour la clarté et l'humour de leurs séminaires, retracent l'évolution de cette approche, mettent en relief les hypothèses qui favorisent les changements, et proposent ensuite des lignes directrices claires, concrètes et détaillées pour transformer la théorie en pratique.

Quand la thérapie est orientée vers la solution, les techniques d'entretien deviennent des interventions délibérées qui rendent souvent inutile la poursuite du traitement au-delà de la première séance. Les thérapeutes "surveillent leur langage" et orientent le dialogue vers le changement; ils encouragent les clients à regarder vers l'avenir, les yeux grands ouverts sur les choses possibles plutôt que sur les problèmes. Les clients apprennent à "entretenir le mouvement": ils maintiennent et mettent en pratique les changements thérapeutiques. Inévitablement, la thérapie devient brève et assurée.

O'Hanlon et Weiner-Davis illustrent les hypothèses et les stratégies de la thérapie orientée vers la solution par de nombreux exemples cliniques, sous forme de brèves esquisses, ou d'études de cas plus détaillées. En montrant comment utiliser le langage pour découvrir, favoriser et maintenir les changements, non seulement les auteurs sont précis et clairs, mais ils font preuve aussi d'humour, du sens des métaphores et ils acceptent de se dévoiler eux-mêmes.

Les lecteurs qui rejoignent O'Hanlon et Weiner-Davis dans leur quête de solutions se retrouvent sur un chemin qui mène à une plus grande compétence et à une plus grande maîtrise, tant pour leurs clients que pour eux-mêmes.

W. H. O'Hanlon et M. Martin

L'Hypnose orientée vers la solution
Une approche éricksonienne

271 pages

Dans cette introduction à l'hypnose, accessible à tous et fondée sur les travaux de ce précurseur que fut Milton Erickson, William H. O'Hanlon démystifie les notions de "transe" et "d'hypnose". Il va au coeur du sujet pour répondre à la question "Qu'est-ce que la transe?"

Mais attention, il ne s'agit pas ici d'un froid discours académique sur les techniques d'induction de transe. Au contraire, le lecteur est invité à participer à l'un des célèbres séminaires de deux jours que Bill O'Hanlon anime sur l'hypnose éricksonienne. De manière dynamique et souvent humoristique, O'Hanlon apporte à son auditoire les éléments de base de l'induction de transe, et explique le comment et le pourquoi de l'hypnose. Le lecteur familier du travail d'Erickson sera enchanté par le modèle de "Classe de problèmes/Classe de solutions" de l'auteur, modèle qui démonte les interventions d'Erickson, et fournit un nouvel outil puissant pour orienter les clients vers les solutions.

Chaque élément de l'induction de transe est clairement illustré par des exemples cliniques, des démonstrations et des exercices auxquels participe l'auditoire.

L'approche progressive de ce livre amène le lecteur à explorer pas à pas le processus hypnotique, et à améliorer son savoir-faire et sa confiance.

Le livre met bien en relief l'mportance que Bill O'Hanlon accorde au respect du thérapeute pour le client, et au caractère individuel de la réaction de chacun à la transe. Cet aspect est tout particulièrement évident dans le chapitre consacré aux suites d'abus sexuels, mais transparaît aussi dans l'ensemble de son travail avec la transe.

En fin de compte, c'est ce respect pour les autres qui rend si efficientes la thérapie et l'hypnose orientées vers la solution.

Steve de Shazer

DIFFÉRENCE

Changement et thérapie brève

212 pages

Ce livre poursuit deux objectifs principaux:

- décrire en quoi la thérapie brève orientée vers les solutions se distingue des autres formes de thérapie et de leurs fondements philosophiques;
- montrer comment ces différences s'allient pour faire une différence efficace en thérapie.

L'auteur atteint ce premier objectif en présentant et discutant certaines conceptualisations de la thérapie familiale et de quelques formes de thérapie brève, leurs bases philosophiques et leurs limites. Se démarquant du mode de pensée de la plupart des écoles de thérapie, de Shazer propose une position philosophique fondée sur les travaux de Wittgenstein, de Derrida et d'autres auteurs, qui situe le modèle de thérapie centrée sur les solutions dans le monde en expansion de la pensée post-structuraliste.

Pour satisfaire au second objectif, l'auteur met en évidence les différences que ce nouveau point de vue fait naître quand on le compare aux idées traditionnelles sur la rencontre thérapeutique et la réalité du processus de la pratique thérapeutique. Au minimum, la thérapie est reconceptualisée comme une conversation dans laquelle thérapeute et client travaillent ensemble - par l'intermédiaire du langage - à construire des solutions. Dans une perspective plus radicale peut-être, S. de Shazer rejette comme inutiles à la conceptualisation et à la pratique de la thérapie les notions aristotéliciennes de causalité et les inventions plus modernes de causalité circulaire. Des exemples de cas illustrent les avantages de ce modèle de thérapie.

Yvonne M. Dolan

Guérir de l'Abus Sexuel et Revivre

328 pages

Ce livre offre des techniques pratiques et spécifiques, tirées de la thérapie centrée sur la solution et de l`hypnose éricksonienne, pour traiter les adultes qui ont survécu à des abus sexuels de l'enfance. Cette approche permet d'aider les client-e-s à trouver le soulagement des symptômes qui dérivent de l'abus sexuel, à modifier les sentiments liés aux souvenirs du traumatisme afin que les flash-back deviennent moins prégnants, et à développer une vision claire, positive et saine de l'avenir.

Yvonne Dolan part de l'hypothèse que, malgré le traumatisme subi, les clients-e-s disposent des ressources internes nécessaires pour créer des solutions individuelles et efficaces à leurs problèmes. Au sein d'une relation sécurisante et respectueuse, et pour exploiter ces ressources, elle utilise des techniques orientées vers la solution et des techniques hypnotiques. Les clients sont encouragés à se faire confiance, à avancer à leur propre rythme et à reconnnaître et à amplifier les moindres signes de guérison.

Les techniques éricksoniennes sont particulièrement puissantes pour permettre aux clients de transformer les expériences traumatisantes dissociées, en apprentissages correcteurs qui permettent le développement de la personne, et pour faire de la dissociation une ressource favorisant la guérison plutôt qu'un symptôme. La thérapie centrée sur la solution permet non seulement de résoudre les abus sexuels du passé mais aussi de mettre au point des perceptions et des comportements nouveaux pour remplacer ceux qui reposaient sur le traumatisme. L'auteur propose des stratégies particulières pour traiter l'amnésie post-traumatique, les automutilations, les troubles sexuels, les problèmes de mémoire, et une multitude d'autres symptômes.

Jeffrey K. Zeig

Un Séminaire avec Milton H. Erickson

370 pages

Enfin accessible au lecteur francophone, ce "Séminaire avec Milton H. Erickson" nous offre l'occasion de nous asseoir parmi ses étudiants. Après qu'il eût cessé sa pratique clinique avec des patients, Erickson a poursuivi ses activités d'enseignant, réunissant autour de lui des cliniciens du monde entier venus s'initier aux conceptions de ce "thérapeute hors du commun".

Jeffrey Zeig a enregistré puis retranscrit in extenso un de ces séminaires de formation, une semaine d'enseignement qui eut lieu chez M.H. Erickson au cours de l'été 1979 et qui fait l'objet de ce livre. A sa lecture, toute la richesse du travail éricksonien se dévoile au fil des pages:

- son art de raconter des anecdotes;
- l'ampleur de sa créativité pour faire de chaque intervention thérapeutique un chef-d'œuvre unique;
- la subtilité de son utilisation de l'hypnose;
- sa souplesse d'adaption à la personnalité de chacun de ses patients (et de chacun de ses étudiants);
- sa légendaire aptitude à communiquer;
- son humanisme et sa joie de vivre.

En plus du séminaire lui-même, J. Zeig nous offre une étude détaillée de l'utilisation des anecdotes par Erickson, ainsi qu'un commentaire (en annexe) de deux inductions hypnotiques conduites par Erickson au cours du séminaire.

Ce livre enchantera tous ceux qui reconnaissent déjà en Erickson l'un des maîtres de la thérapie et qui pourront avoir l'impression de l'écouter enseigner; tous ceux qui, impliqués dans la relation d'aide, cherchent à s'ouvrir des horizons nouveaux; tous ceux qui, ayant ou non déjà entendu parler d'Erickson, sont curieux de le découvrir dans son rôle de formateur.

Bill O'Hanlon et Sandy Beadle

Guide du Thérapeute au Pays du Possible

120 pages

Au cas où vous vous poseriez la question, ce livre concerne *la Thérapie du Possible.*

Vous en apprendrez plus au fur et à mesure de la lecture de l'ouvrage mais voici, en résumé ce que cette forme de thérapie propose:

- des méthodes pratiques et éprouvées;
- une approche nouvelle, davantage orientée vers l'avenir et vers l' action que vers le passé et les problèmes;
- un moyen d'encourager le thérapeute et le client à essayer de nouvelles choses et de nouvelles manières de faire des expériences avec ce qui s'avère efficace pour le client;
- et une invitation à garder les pieds sur terre et à éviter le pays des abstractions et des théories.

Insoo Kim Berg

Services Axés sur la Famille
Une Approche centrée sur la solution

228 pages

Ce livre est destiné aux praticiens de la protection de la jeunesse et des services familiaux qui se trouvent souvent dans les pires situations et qui manquent de temps pour effectuer une intervention efficace. En appliquant les principes d'une thérapie brève axée sur la solution, ils peuvent envisager des traitements peu coûteux, humains et qui rendent à la famille ses pleins pouvoirs.

L'auteure expose sa théorie pas à pas et de façon éminemment pratique. Elle propose des lignes directrices pour le déroulement des entrevues d'évaluation, indique la manière de parler aux clients afin qu'ils écoutent et se sachent écoutés, la façon de se comporter au domicile du client et d'exercer un contrôle sur les situations dangereuses.

Des études de cas illustrent chaque technique, et on propose des guides d'évaluation adaptables aux besoins des divers organismes.

Nombreux sont les ouvrages écrits par des thérapeutes qui ont rarement quitté le confort de leur bureau pour affronter la pagaille, le bruit et le chaos qui, souvent, caractérisent la vie de leurs clients. Pas celui-ci...

Michel Kérouac

La Métaphore Thérapeutique et ses Contes

290 pages

"Il s'agit là, selon nous, d'un excellent exposé théorique et pratique sur la métaphore. Voilà un ouvrage exceptionnellement bien structuré, qui contient des renseignements pertinents, tant pour l'apprenti que pour l'expert."

Jeffrey K. Zeig, Ph. D.
Directeur de la fondation Milton H. Erickson

Les métaphores et les contes thérapeutiques sont de puissants outils de communication. Nous pouvons tous les utiliser dans le but d'aider les membres de notre milieu: enfants, conjoints, clients, patients, élèves, employés ou patrons, qui se trouvent dans des situations difficiles. Elles amènent un changement d'état, de contexte, qui favorise l'émergence de solutions nouvelles à des problèmes qui paraissent parfois insurmontables.

Michel Kérouac est le fondateur de l'Institut québécois de thérapie et d'hypnose éricksoniennes. Il enseigne et donne des ateliers-conférences et des séminaires dans plusieurs pays, notamment aux Instituts Milton Erickson de Fribourg, Liège, Avignon-Provence et des Yvelines, à l'Institut de formation systémique de Fribourg et à l'Association régionale pour une thérapie active de Nantes.

Frank Farrelly et Jeff Brandsma

La Thérapie Provocatrice

267 pages

Cet ouvrage montre comment on obtient plus de résultats lorsqu'à la fin de l'entrevue, il ne reste rien qu'on aurait aimé dire. C'est cette forme de contact direct avec soi et avec le client, qui assure l'efficacité maximale et qui illustre aussi l'audace et les risques que le thérapeute aura à prendre pour susciter un changement.